Christian Flügel
Die Utrechter Union und die Geschichte ihrer Kirchen

vollständig überarbeitete zweite Auflage 2014

Das Buch

Anlässlich des 125jährigen Bestehens der „Utrechter Union" ist dieses Buch, das in der ersten Auflage 2006 zum Alt-Katholikenkongress in Freiburg erschien, überarbeitet und aktualisiert worden. Die internationale Zusammengehörigkeit romfreier katholischer Kirchen ist auch im aktuellen politischen Zusammenhang stärker ins Bewusstsein geraten: „Zeiten der Globalisierung sind auch Zeiten, die Bedeutung der Katholizität der Kirchen neu zu entdecken und mit Leben zu erfüllen.", heißt es bei Franz Segbers und Peter-Ben Smit. In ihrem 2010 erschienenen Buch „Katholisch in Zeiten der Globalisierung" erinnern sie an Alberto Ramento; der Bischof der philippinischen Schwesterkirche wurde 2006 ermordert.

Die Auseinandersetzungen und massiven Spannungen innerhalb der Utrechter Union zum Thema „Frauenordination" haben ihrerseits die Aufmerksamkeit auf die alt-katholische Kirchengemeinschaft gelenkt. Diese Diskussion offenbart großes Informationsbedürfnis über die alt-katholischen Schwesterkirchen, über ihre historischen, ihre nationalen und kulturellen Besonderheiten. Aktuelle deutschsprachige Schriften zur Utrechter Union liegen hingegen nicht vor – die alt-katholischen „Standardwerke" sind zumeist mehrere Jahrzehnte alt, werden z.T. nicht mehr verlegt und gehen naturgemäß nicht auf die gegenwärtigen Streitthemen ein. Dieses Buch schließt daher eine Lücke in der alt-katholischen Literatur. Es geht ausführlich auf sämtliche Kirchen der Utrechter Union ein, beschreibt auch die ausgeschiedenen Kirchen und die Gründe ihrer Trennung.

Neben zahlreichen Kommentierungen in den Fußnoten liefert das Buch in über dreißig „Exkursen" wichtige theologische oder kirchengeschichtliche Hintergrundinformationen, die für das Verständnis der jeweiligen Entwicklung der Utrechter Union-Kirchen wichtig sind. Ein umfangreiches Sach- und Ortsregister ermöglicht die schnelle Orientierung und gezielte Informationssuche zu bestimmten Stichworten. Ein sorgfältig recherchiertes Personenregister liefert zusätzlich kurze biographische Angaben und Lebensdaten von über 100 historischen Persönlichkeiten sowie ein „Who is Who" bekannter gegenwärtiger Alt-KatholikInnen.

Der Autor

ist selbst „gebürtiger" Alt-Katholik und hat seit seiner Kindheit fast alle Mitgliedskirchen der Utrechter Union persönlich kennen gelernt. Aus psychotherapeutischer Perspektive nimmt der Autor dabei auch fragwürdige Entwicklungen in den Einzelkirchen und der Kirchengemeinschaft kritisch unter die Lupe. Kritik soll hierbei nicht als Nestbeschmutzung verstanden werden, sondern als konstruktive Anregung.

Meinen Eltern
in Dankbarkeit

Bibliographische Information Der Deutschen Bibliothek:
Die Deutsche Bibliothek verzeichnet diese Publikation in der
Deutschen Nationalbibliographie; detaillierte bibliographische Daten
Sind im Internet über <http://dnb.ddb.de> abrufbar.

© Christian Flügel, vollständig überarbeitete zweite Auflage 2014
Herstellung und Verlag: BoD - Books on Demand, Norderstedt
ISBN: 9783732294374
Satz: Christian Flügel

Inhaltsverzeichnis

Vorwort zur zweiten Auflage

In der Einleitung zur ersten Auflage dieses Büchleins im Sommer 2006 wird darauf hingewiesen, dass viele alt-katholische Veröffentlichungen „mittlerweile veraltet" seien. Im selbstverfassten Klappentext heißt es großspurig: „Dieses Buch schließt daher eine Lücke in der alt-katholischen Literatur." Ich habe nicht geahnt, wie schnell auch die „Utrechter Union und die Geschichte ihrer Kirchen" in vielen Punkten überholt sein würde; z.B. amtiert mittlerweile in allen deutschsprachigen Mitgliedskirchen ein neuer Bischof.

Die erste Ausgabe zeigt als „Selfmade"-Produkt noch zahlreiche Mängel; ohne externes Lektorat haben sich orthografische und grammatikalische, aber auch inhaltliche Fehler eingeschlichen. Ein damals vorgesehener „Fakten-Check" konnte nicht mehr erfolgen, damit das Büchlein pünktlich zum Alt-Katholiken-kongress 2006 in Freiburg erscheinen konnte. Der Rezensent des christ-katholischen Kirchenblattes, Dr. Hans A. Frei, stellte seinerzeit fest, das Buch habe „auch den z.T. kritischen Vorgängen und Entwicklungen der jüngsten Gegenwart (z.B. Frauenordination) volle Aufmerksamkeit geschenkt. Beach-tenswert sind auch die jeweils eingefügten so genannten ‚Exkurse', in denen der Verfasser seine persönliche Stellungnahme zu mehreren aktuellen ‚Brenn-punkten' darlegt und auf mögliche Fragen und Vorbehalte eingeht. Leider haben sich dabei einige Fehler und Gewichtungen eingeschlichen, die wohl in einer weiteren Auflage korrigiert werden können." Um diese Geburtsfehler zu mini-mieren, habe ich für die zweite Auflage, die zum 125jährigen Jubiläum der Utrechter Union 2014 erscheinen soll, Experten unserer Kirchen gebeten, das Manuskript Korrektur zu lesen und ggf. Verbesserungen vorzuschlagen.

Eine Neuauflage bietet die Chance einer „Zwischenbilanz". Im Hinblick auf die erwähnten „kritischen Vorgängen und Entwicklungen der jüngsten Gegenwart" kann vielfach eine positive Veränderung festgestellt werden: z.B. besteht heute eine begrüßenswerte Transparenz im Umgang mit den Mitgliederzahlen, die of-fiziellen Daten werden fortlaufend exakt veröffentlicht. Gruppierungen, die un-ter dem Mantel des Altkatholizismus eine fragwürdige Eigendynamik gezeigt haben, sind mittlerweile nicht mehr offiziell in der Utrechter Union (vgl. etwa „Orden von Port Royal" oder die Kirche in Italien). Etliche Kommentierungen haben sich somit erübrigt und sind ersatzlos für die 2. Auflage gestrichen worden. Das Vorwort von 2006 ist nachstehend unverändert wiedergegeben, um der Leserin bzw. dem Leser zu ermöglichen, ein eigenes Urteil über diese Veränderungen vornehmen zu können. Lediglich die Fußnoten mit bibliografi-schen Angaben wurden vorsichtig angepasst. Der grundsätzliche Aufbau des Buches wurde hingegen beibehalten, inhaltliche Fehler sind soweit bekannt korrigiert worden.

Christian Flügel
Hattingen/Ruhr im Herbst 2013

Vorwort zur ersten Auflage

Die „Utrechter Union und die Geschichte ihrer Kirchen" entstand ursprünglich als Referat für das Fach Kirchengeschichte des theologischen Fernkurses 2004. Noch während der Erstellung der Arbeit habe ich gemerkt, dass die Darstellungsform eines Referates dem Umfang dieses Themas nicht gerecht werden kann, zumal mich das Interesse am Werdegang unserer Schwesterkirchen veranlasst hat, deren Geschichte umfangreicher darzustellen als es diesem Rahmen angemessen wäre. Am Ende war ein 55-seitiges Manuskript entstanden. Bei den Recherchearbeiten habe ich bemerkt, dass es keine aktuelle deutschsprachige Informationsschrift gibt, die die Utrechter Union, ihre einzelnen Kirchen und erst recht nicht ihre jüngere krisenhafte Wegstrecke beschreibt.[*] Als ich während des Fernkursseminars dann eine sehr komprimierte Fassung des Referates vorgetragen habe, war gleichwohl großes Interesse an der alt-katholischen Kirchengemeinschaft, den Unterschieden und Gemeinsamkeiten ihrer Kirchen feststellbar.

Ich habe mich darum entschieden, das zusammengetragene Material in der vorliegenden Form zu veröffentlichen. Im Sinne einer Intensivierung der

---

[*] Das Standardwerk „Die Altkatholische Kirche" von Urs Küry ist bereits Mitte der 60er Jahre erschienen, selbst die dritte Auflage ist mittlerweile fast ein Vierteljahrhundert alt und wird nicht mehr verlegt. Bereits die zweite Auflage von 1978 wurde ergänzt um den Nachtrag „Die Entwicklung der altkatholischen Kirchen der Utrechter Union in den letzten Jahren"; da Urs Küry 1976 starb, wurde diese Ergänzung vom ehemaligen Lehrstuhlinhaber des deutschen Seminars für alt-katholische Theologie in Bonn, Prof. Dr. Christian Oeyen, durchgeführt. Die Darstellung der Utrechter Union ist entsprechend veraltet und zudem im Bezug auf einzelne Kirchen äußert knapp. Etwas umfangreicher stellt der (römisch-katholische) Luzerner Kirchengeschichtler Victor Conzemius in seinem Buch „Katholizismus ohne Rom" die einzelnen alt-katholischen Kirchen vor, doch auch dieses Werk ist über 35 Jahre alt und wird nicht mehr verlegt.

Ende der 80er Jahre sind in der Internationalen Kirchlichen Zeitschrift (IKZ) zwei aufeinander folgende Artikel über die Entstehung und den Ausbau der Utrechter Union veröffentlicht worden: Kurt Stalder, Wie die Utrechter Union der alt-katholischen Kirchen gegründet wurde, S. 84ff. und Fred Smit, Die weitere Entwicklung der Utrechter Union von 1889-1909, S. 104ff., beide in: IKZ 79, 1989.

Monographien einzelner Kirchen sind teilweise jünger, etwa Berend Willem Verheys „L`Eglise d`Utrecht" (1984) oder „Altkatholiken in Österreich" von Christian Halama alias Blankenstein (2004). Daneben sind in den letzten Jahren Arbeiten zu bestimmten Epochen einzelner alt-katholischer Kirchen publiziert worden, die einen detaillierten Einblick in die Entstehungszeit der Utrechter Union geben, so v.a. 1998 Angela Berlis` „Frauen im Prozess der Kirchwerdung: Eine historisch-theologische Studie zur Anfangsphase des deutschen Altkatholizismus 1850-1890" oder Dirk Schoons Buch „Van bisschoppelijke Cleresie tot oud-katholieke Kerk" (2004). Der Autor ist seit 2008 alt-katholischer Bischof des niederländischen Bistums Haarlem. Seit der ersten Auflage dieses Büchleins ist 2008 neu erschienen die Doktorarbeit des aktuellen deutschen Bischofs: Matthias Ring, „Katholisch und deutsch", Die alt-katholische Kirche Deutschlands und der Nationalsozialismus.

Zusammengehörigkeit der Kirchen der Utrechter Union scheint mir über den strukturellen Rahmen der Internationalen Bischofskonferenz (IBK) hinaus eine fundierte Kenntnis der Schwesterkirchen wichtig, um diese Gemeinschaft zu pflegen und auszubauen. Gerade die Krise der Utrechter Union im Hinblick etwa auf die Frage der Frauenordination macht ein Verständnis des kirchengeschichtlichen, theologischen und kulturellen Hintergrundes der Einzelkirchen erforderlich, um entgegengesetzte Haltungen der Schwesterkirchen verstehen und nachvollziehen zu können. Zur Einordnung eines Themas in den kirchengeschichtlichen oder theologischen Gesamtkontext sind bisweilen zusätzliche Hintergrundinformationen hilfreich, die jeweils unter der Überschrift „Exkurs" eingestreut werden.

Auf offizieller Ebene ist es für die IBK gelegentlich schwierig, mit einer Stimme zu sprechen; dies zeigen nicht zuletzt die Verlautbarungen und Communiqués, die um korrekte und allgemein akzeptierte Formulierungen ringen und wiederholt „richtig gestellt" werden mussten. Den Weg des kleinsten gemeinsamen Nenners will diese Arbeit nicht gehen. Zwar bemüht sie sich um eine möglichst objektive Darstellung der Geschichte und aktuellen Entwicklungen, andererseits wird bewusst nicht auf eine subjektive Kommentierung konfliktreicher Themen in Fußnoten und in den „Schlussbetrachtungen" verzichtet. Es wird nicht verwundern, dass diese Arbeit ausdrücklich keine Unfehlbarkeit beansprucht, sich wohl aber um Sorgfalt und Fairness bemüht. Es wird eben gerade *nicht* versucht, möglichst niemandem zu nahe zu treten. Im besten psychotherapeutischen Verständnis wird stattdessen davon ausgegangen, dass solches „Nahetreten" die Voraussetzung für Beziehung ist. Zwar versucht dieses Buch, in gutem journalistischem Stil zwischen Berichterstattung und Kommentierung zu trennen, weiß aber zugleich um die Unmöglichkeit einer vollständigen Ausgewogenheit der vermeintlich reinen Faktenwiedergabe, die (oftmals ungewollt) eine einseitige Auswahl und somit unvermeidlich eine tendenziöse Darstellung ist.

Eine besondere Rechercheschwierigkeit hat sich hinsichtlich der aktuellen Mitgliederstärke fast aller Kirchen ergeben. Oft ist die Tendenz festzustellen, den eigenen Mitgliederbestand höher anzugeben als es realistischen Maßstäben entspricht. Dies gilt für „große" alt-katholische Kirchen (vgl. hierzu die entspr. Anm. zur PNCC) ebenso wie für kleine Diaspora-Verbände. Glossierend könnte man oftmals fragen, wer in einem weit gefassten Kirchenverständnis neben den lebenden Mitgliedern noch alles eingerechnet wird, „da uns eine solche Wolke von Zeugen umgibt" (Hebr 12, 1). Die Gründe für die Angabe übertriebener Mitgliederzahlen sind vielfältig. Zum einen existiert die alt-katholische Urangst, angesichts geringer Anhängerschaft als „gescheitert" betrachtet zu werden, im ökumenischen Konzert schlicht überhört oder allen ekklesiologischen Differenzierungen zum Trotz als Sekte abgestempelt zu werden. Nach innen erfüllen stolze Zahlen die Funktion des „Pfeifens im Walde": eine allzu starke Diskrepanz zwischen Großkirchenstruktur und Kleinstgemeinde würde schmerzhaft das eigene Bild in Frage stellen.

Auch das noch immer verbreitete alt-katholische Selbstverständnis, nicht nur eine verfasste Kirche, sondern zugleich eine „Bewegung" zu sein, der sich innerlich auch viele zugehörig fühlten, die formell keine Kirchenangehörigen sind, lässt die Zahlen steigen. Als unbewusstes Pendant zur kritisierten (und selbst erlittenen) römisch-katholischen Praxis der Exkommunikation lässt sich im alt-katholischen Seelenleben die Sehnsucht nach „Einheit" feststellen, was nicht nur ihre ökumenische Ausrichtung von Anfang an gefördert hat, sondern auch Höhenflüge bei der Angabe der eigenen Mitgliederzahlen. Die alt-katholische Orientierung an der „Alten Kirche" kann im Hinblick auf den extremen Minderheitenstatus der ersten Jahrhunderte im riesigen heidnischen Umfeld Gelassenheit vermitteln. Das Lukasevangelium ermuntert um 80 bis 90 n.Chr. gegenüber den vordergründigen irdischen „Größen" – übertragen ins merkantile Denken unserer Zeit v.a. die Sorge um (auch religiöse) Marktanteile und Steigerungsraten – zu einer anderen Orientierung: „Denn um all das geht es den Heiden in der Welt. ... Fürchte dich nicht, du kleine Herde!" (Lk 12, 30-32).

Kleinheit ist andererseits kein Wert an sich, das „Projekt Wachstum" des deutschen Bistums ist einer missionarischen Kirche angemessen. In der Überzeugung, auch den Menschen unserer Zeit inhaltlich Wertvolles anzubieten zu haben, lebt die Kirche. Und andersherum können die viel gerühmten „familiären" alt-katholischen Verbände neue Impulse von außen immer gut gebrauchen. Gerade im alt-katholischen Milieu ist die Gefahr der Nabelschau extrem groß; etwa die wissenschaftliche Infrastruktur des Alt-Katholizismus hat naturgemäß begrenzte Kapazitäten und lenkt darum das Hauptaugenmerk auf die spezifisch alt-katholischen Themen – wer sollte dies auch sonst tun? Die jüngsten Promotionen von Angela Berlis und Matthias Ring[*] sind dementsprechend im Themenbereich der Alt-Katholizismusforschung anzusiedeln. Die Gefahr einer überwiegenden Beschäftigung mit sich selbst besteht jedoch darin, den Anschluss an die Fülle der theologischen Entwicklung zu verlieren – im Unterschied zu den Großkirchen, die das breite Feld der Theologie bearbeiten können. Eine Abschottung vom Leben der *ganzen* Kirche, die sich ja stetig erneuert (semper reformanda), würde dann tatsächlich eine Sektenmentalität fördern (etwa aus der falschen Überzeugung heraus, als einzige Gemeinschaft der Wahrhaftigkeit der Urkirche treu geblieben zu sein). Ohne das Korrektiv eines größeren Verbundes besteht die Gefahr einer fragwürdigen Sonderentwicklung – auch hiervon berichten die Episteln

[*] siehe hierzu Fußnote auf Seite 8

mehrfach (vgl. etwa 1Kor 6f., 1Tim 1, 4f., 2Tim 16f., Tit 3, 9f., 1Joh 2, 19f. u.a.).

„Einheit in Vielfalt" ist nicht nur ein Motto, das die Teilnehmer des Alt-Katholikenkongresses in Prag als Maßstab für das Miteinander der Utrechter Union-Kirchen herausgestellt haben, sondern dieser Grundsatz sollte zugleich die spirituelle und theologische Bandbreite der Gemeinden eines Bistums kennzeichnen. Es ist schon ein schwieriger Spagat, neben der Pluralität zugleich die Einheit der Gemeinden eines Bistums zu erhalten, ohne Uniformität anzustreben. Umso komplizierter ist dies im Bezug auf die autonomen Ortskirchen innerhalb der Utrechter Union. Beim Blick von außen kann ein besonderer thematischer oder liturgischer Schwerpunkt einer Kirche oder Gemeinde schnell als spalterische oder häretische Tendenz (im Sinne von „auswählend", „einseitig" – dem Gegenteil von „katholisch") missverstanden werden. Eine differenzierte Betrachtung vermeintlicher Parteigänger zeigt hingegen oftmals Menschen sehr unterschiedlicher sozialer Gruppen und Generationen in katholischer Vielfalt. Gerade alt-katholisches ekklesiologisches Verständnis sollte es sein, dass die Kirche nicht von Ideen oder Strömungen *geprägt* wird, sondern von Menschen *gelebt* wird, die durch pauschales Etikettieren und Abstempeln verletzt werden. Der alt-katholische Ansatz zum Erhalt der Gemeinschaft kann daher nur sein, nicht übereinander, sondern miteinander zu sprechen. In diesem Verständnis auch des *Epi*skopates als *Aufsichts*amt – eben nicht von außen oder gar von oben herab – hat Bischof Joachim Vobbe sein Impulsreferat beim Prager Alt-Katholikenkongress „Kirche von innen" betitelt.

Im Hinblick auf die Utrechter Union tragen wir besondere Verantwortung für die kleinen Kirchen, die unter der Jurisdiktion der IBK stehen. Hier ist es in der Vergangenheit immer wieder zu unerfreulichen Auseinanderentwicklungen gekommen; die kleinen Verbände waren häufig von der restlichen Kirchengemeinschaft faktisch räumlich und inhaltlich abgekoppelt. Aus früheren Fehlern kann man lernen. Als Delegat der IBK für die italienischen Gemeinden hält Bischof Joachim Vobbe persönlichen Kontakt, regt zu gegenseitigen Begegnungen an (es gibt Partnerschaften und Besuche deutscher und italienischer Gemeinden) und über diese Treffen wird regelmäßig in der Kirchenzeitung *berichtet*. Wenn kleine Verbände in die Utrechter Union aufgenommen werden, muss diese Gemeinschaft auch gepflegt werden, die Extremdiasporagemeinden dürfen nicht sich selbst überlassen werden. Aus dieser Intention legt auch diese Arbeit besonderes Gewicht auf die Darstellung der kleinen alt-katholischen Kirchen im Süden Europas.

Christian Flügel
Hattingen/Ruhr, im Juni 2006

Gliederung und Abgrenzung

Gliederungskriterien

Eine Gliederung der Mitgliedskirchen der Utrechter Union kann nach verschiedenen Kriterien erfolgen, die jeweils unterschiedliche Vor- und Nachteile haben.

(a) chronologische Einteilung:

Die chronologische Gliederung stellt die Kirchen der Utrechter Union in der Reihenfolge ihres Beitritts zur Kirchengemeinschaft dar, also zunächst die drei Gründungskirchen, dann die später hinzukommenden Kirchen in der Chronologie ihres Beitritts. Diese Darstellungsform hat den Vorteil, sich an den geschichtlichen Ablauf zu halten. Nachteilig bei dieser Gliederung ist, dass durch die bloße zeitliche Abfolge keine inhaltlichen Gemeinsamkeiten der jeweiligen Einzelkirchen betrachtet werden, die eine zusammenfassende Beurteilung der jeweiligen Position innerhalb der Utrechter Union ermöglichen.

(b) inhaltlich-historische Einteilung:

Eine weitere Einteilungsmöglichkeit richtet sich nach den historischen Motiven für die Entstehung einer von der römisch-katholischen Kirche unabhängigen katholischen Kirche. Urs Küry folgt diesem Ordnungsprinzip, wenn er 1968 feststellt: „Aufs Ganze gesehen sind drei Gruppen altkatholischer Kirchen zu unterscheiden:

- Die Kirche von Utrecht, die ihre eigene, annähernd auf 250 Jahre zurückgehende Geschichte hat.
- Die altkatholischen Kirchen Deutschlands und Österreichs und die christkatholische Kirche der Schweiz, die aus dem Kampf gegen das vatikanische Konzil von 1870 hervorgegangen sind.
- Die um die Jahrhundertwende und nach dem Ersten Weltkrieg entstandenen Kirchen Amerikas und Osteuropas, die ihre Entstehung vielfach nationalen Beweggründen verdanken."[1]

Auch dieses Ordnungsprinzip hat seine Schwachstellen, v.a. dass es die Einzelkirchen nur unter *geschichtlichen* Gesichtspunkten zu Gruppen zusammenfasst, die durch die weitere Entwicklung der Utrechter Union aus heutiger Sicht überholt erscheinen, da sich neue Konstellationen und Gemeinsamkeiten bzw. Unterschiede der Mitgliedskirchen ergeben haben, die zumindest teilweise andere Zusammenstellungen nahelegen.

(c) inhaltlich-aktuelle Einteilung:

Aus dem Blickwinkel der jüngeren Entwicklung der Utrechter Union wäre auch eine Einteilung in diejenigen alt-katholischen Kirchen denkbar, die bestimmte Reformen vollziehen und jene, die eine bestimmte Entwicklung nicht mitgehen. Dies gilt natürlich insbesondere im Hinblick auf die „Frauenordination".

Hier wären auf der einen Seite die **Kirchen, die bereits Priesterinnen geweiht haben**. Dies waren jeweils zuerst:

- Deutschland 1996 (Angela Berlis und Regina Pickel-Bossau),
- Österreich 1998 (Dr. Elfriede Kreuzeder, im selben Jahr Karin Leiter),
- Niederlande 1999 (Grete Verhey-de Jager) und
- Schweiz 2000 (Denise Wyss).

Auf der anderen Seite stehen die **Kirchen der Utrechter Union, die bislang keine Priesterinnen geweiht** haben:

- die Polnischkatholische Kirche in Polen,
- die Alt-katholischen Kirche in Tschechien,
- die Alt-katholischen Kirche in Kroatien.

Bei dieser „inhaltlich-aktuellen Einteilung" fällt auf, dass Kirchen getrennten „Lagern" zugeordnet werden, die historisch eng miteinander verbunden sind, wie etwa die österreichische und tschechische Kirche, so dass auch diese Gliederung den Beziehungen der Kirchen untereinander nicht gerecht wird.

Während die polnische und tschechische Kirche sich trotz ihrer abweichenden Haltung in der Frage der Frauenordination zur Utrechter Union bekennen, hat sich an diesem Streitpunkt eine Spaltung der Utrechter Union ergeben. Die Polnisch-Katholische Kirche in den USA und in Kanada (Polnish-National Catholic Church, „PNCC"), die fast hundert Jahre lang Mitglied der Utrechter Union war, hat diese Entwicklung nicht nachvollziehen können und ist mittlerweile aus der Kirchengemeinschaft ausgeschieden. Die PNCC hatte vor dem offiziellen Verlassen der Utrechter Union bereits die Sakramentsgemeinschaft zu denjenigen Kirchen, die die Frauenordination durchführen, abgebrochen, so dass schon 1997 (nach der ersten Priesterinnenweihe in Deutschland im Jahr zuvor) auf der Tagung der Internationalen Bischofskonferenz (IBK) in Wislikofen festgestellt wurde, dass die volle kirchliche Gemeinschaft nicht mehr bestehe (s.u.). Auf der Sitzung der IBK im November 2003 in Prag wurde dann festgestellt, dass die vom Statut verlangte kirchliche Gemeinschaft zwischen *allen* Mitgliedskirchen nicht wiederhergestellt werden konnte und dass folglich die PNCC nicht mehr Mitglied der Utrechter Union sei.

Der heutige deutsche Bischof Matthias Ring führt in der deutschen alt-katholischen Kirchenzeitung *Christen heute* im Januar 2004 aus, dass nicht allein der Konflikt um die Frauenordination die Auseinanderentwicklung der (west)europäischen und amerikanischen Mitgliedskirchen der Utrechter Union bewirkt habe: „Es stand ja nicht nur diese Frage als Problem im Raum. Größte Schwierigkeiten hat die PNCC zudem mit der alt-katholisch/evangelischen Ökumene, insbesondere dem deutschen Abkommen mit der EKD zur gegenseitigen Einladung zur Eucharistie von 1985. Und als dritter Bereich tauchte immer wieder das Thema ‚Homosexualität' auf; spätestens bei diesem hätte es transatlantische Spannungen gegeben, wenn nicht schon vorher die Frauenordination für Spannung gesorgt hätte."[2]

Da im Katholizismus stets eine wechselseitige Dynamik zwischen Orts- und Weltkirche besteht, hat es in der Utrechter Union nach dem Ausscheiden der PNCC immer wieder Versuche gegeben, außereuropäische katholische Kirchen aufzunehmen, um jenen weltumspannenden Anspruch nicht zu verlieren. Zunächst gab es erfolgversprechende Konsultationen mit der kanadischen „Old Catholic Church of British Columbia" (siehe Kapitel „Nordamerika"). Allerdings kam es aufgrund ekklesiologischer Differenzen letztlich doch nicht zur Aufnahme dieser Kirche in die Utrechter Union. Derzeit laufen Sondierungsgespräche mit der indischen Mar Thoma-Kirche.

Exurs: *Die Mar-Thoma-Kirche ist wohl schon im zweiten nachchristlichen Jahrhundert unter dem Einfluss der antiochenischen (später syrisch-orthodoxen) Kirche entstanden. Durch die britische Kolonialisierung Indiens seit dem 18. Jahrhundert kam ein Teil der Thomas-Christen immer mehr unter anglikanischen Einfluss; dies führte im folgenden Jahrhundert zu einer Spaltung der indischen Thomas-Christen: während ein Teil die Verbindung zur syrisch-orthodoxen Kirche aufrecht erhielt, ging der andere Teil unter dem Namen „Mar Thoma"-Kirche eine Sakramentsgemeinschaft mit den Anglikanern ein. Obwohl vor diesem Hintergrund eine große theologisch-spirituelle Nähe zu den Kirchen der Utrechter Union vermutet werden dürfte, benennt der emeritierte christkatholische Bischof Hans Gerny eindeutig große Differenzen in jenen Themen, die auch den Bruch mit der PNCC bewirkt haben. Im Schweizer „Christkatholischen Kirchenblatt" beschreibt Gerny seine Eindrücke von einer Reise zur Mar Thoma-Kirche in Kerala: „Ehescheidung darf kein Thema sein. Vorehelicher Geschlechtsverkehr ist undenkbar. Homosexualität ist strikt verboten. Ein Bischof, der homosexuell ist oder sein soll, wurde suspendiert und wahrscheinlich aus der Kirche ausgeschlossen.... Die Frauenordination, so sagte mir ein Bischof, kann nicht einmal diskutiert werden."[3]*

(d) geographische Einteilung:
Die Gliederung unter (c) spiegelt bereits eine auffällige Spaltung der europäischen Kirchen in ein „reformwilliges westliches Lager" und in einen kirchlichen „Ostblock" wider. Angesichts dieser unterschiedlichen Mentalitäten, die jeweils durch die politisch-geschichtlichen und kulturellen Rahmenbedingungen geprägt sind, erscheint daher auch eine geographische Einteilung der Mitgliedskirchen der Utrechter Union sinnvoll. Tatsächlich scheinen die westeuropäischen Kirchen (Niederlande, Deutschland, Österreich und Schweiz) unabhängig von ihrem kirchengeschichtlichen Hintergrund eine weitgehend

vergleichbare theologische, liturgische und spirituelle Entwicklung aufzuweisen, die sie in vielen Punkten von den osteuropäischen Kirchen (v.a. Polen und Tschechien) abgrenzt.

Eine Sonderstellung nehmen hierbei ohnehin die kleinen Verbände in den romanischen Ländern ein. Diesen Kleinkirchen, die unter der „Jurisdiktion von Bischöfen der Utrechter Union" stehen oder standen (die italienische Kirche ist 2011 ausgeschieden), wird jeweils ein eigenes Kapitel gewidmet: den Gemeinden in Frankreich und in Italien, außerdem den beiden (im ideellen Sinne) alt-katholischen Kirchen der Iberischen Halbinsel: die Lusitanisch-katholisch-apostolisch-evangelische Kirche Portugals und die Spanisch Reformierte Episkopalkirche. (Da diese beiden Kirchen nie Mitglied der Utrechter Union waren, sondern sich der Anglikanischen Kirchengemeinschaft angeschlossen haben, wird das entsprechende Kapitel als „Exkurs" bezeichnet.) Die „problematische interne Situation" der „Chiesa Vetero-Cattolica in Italia" führte 2011 dazu, dass die Utrechter Union die Betreuung der italienischen Gemeinden eingestellt hat. Laut Communiqué der IBK werde fortan die pastorale Betreuung „zusammen mit ökumenischen Partnerkirchen" erfolgen. Für die verbleibenden alt-katholischen Gemeinden in Kroatien und Frankreich könnte zumindest theoretisch ein alt-katholischer „Süden" postuliert werden und – um die Kompassrose (ein anglikanisches Symbol) zu vervollständigen –, würden die Gemeinden Skandinaviens den „Norden" Europas markieren.

Die „geografische Einteilung" wirkt zwar konstruiert, allerdings verdeutlicht diese eurozentrische Sicht, dass rom-unabhängige katholische Kirchen außerhalb Europas auch organisatorisch außerhalb der Utrechter Union stehen: die PNCC und die Philippinische Unabhängige Katholische Kirche, die mit der Utrechter Union (im Unterschied zur PNCC!) in voller Sakramentsgemeinschaft steht. Auch die geographische Gliederung leidet wie die unter (c) aufgeführte „inhaltlich-aktuelle Einteilung" unter einer Vernachlässigung der geschichtlichen Beziehungen, so dass einerseits die historische Verbundenheit etwa der tschechischen und österreichischen Kirche unberücksichtigt bleibt. Andererseits werden hierbei Kirchen zusammengefasst, die eine völlig unterschiedliche Entstehungsgeschichte und -zeit haben, so z.B. die polnischkatholische Kirche Polens und die erwähnte tschechische alt-katholische Kirche.

Exkurs: *Während ich in einem „Exkurs" kurz auf die beiden iberischen unabhängigen katholischen Kirchen eingehen werde, wird die Philippinische Kirche im Rahmen dieser Darstellung der Utrechter Union und ihrer Kirchen nicht weiter betrachtet, obwohl in jüngster Zeit die IBK sich um einen engeren Zusammenhalt bemüht. „Die Altkatholischen Kirchen intensivieren den Kontakt mit der Iglesia Filippina Independiente (IFI)", hat die Bischofskonferenz ihr Communiqué vom Mai 2005 betitelt, in dem erwähnt wird, dass Erzbischof*

Vercammen zur Hundertjahrfeier der Unabhängigkeit der IFI auf die Philippinen gereist ist und an der Generalsynode teilgenommen hat. Im Jahr zuvor hatte der heutige Schweizer Bischof Dr. Harald Rein, damals Pfarrer der Christkatholischen Kirche der Schweiz, begonnen, in Manila am gemeinsamen theologischen Seminar der philippinischen und anglikanischen Kirche Gastvorlesungen zu halten.

Victor Conzemius widmet der IFI in seinem Buch „Katholizismus ohne Rom" ein eigenes Kapitel, da dies die zahlenmäßig bedeutendste romfreie katholische Kirchengründung der Neuzeit ist. Seit 1963 gehört sie zur Familie der Anglikanischen Kirchengemeinschaft. Durch Artikel in der Kirchenzeitung, aber auch durch konkrete diakonische Arbeit wird die „Full communion" mit der philippinischen Schwesterkirche lebendig gehalten. „Eine Kirche, die sich katholisch nennt, lebt vor Ort und zugleich in lebendiger Verbindung mit anderen Kirchen und Gemeinden auf der ganzen Welt. So verstandene Katholizität hat im Zeitalter der Globalisierug weltweit Geschwister im Glauben, und es geht ihr in erster Linie um den Einsatz gegen das Unrecht, das den Armen und Bedrängten angetan wird. Katholisch und solidarisch zu sein gehören zusammen.", heißt es über die Verbundenheit mit der IFI auf der Rückseite des Buches von Franz Segbers und Peter-Ben Smit[*], auf das in dem vorliegenden Buch bereits im Klappentext eingegangen wird. Als im Sommer 2012 eine schwere Flutkatastrophe die Philippinen heimsuchte, hat die IFI ihre Kirchenräume für die Flüchtlinge geöffnet. In ihrer eigenen karitativen Arbeit wird sie mittels Spenden durch die Schwesterkirchen der Utrechter Union unterstützt.

(e) organisatorische Einteilung:

Gemäß dem alt-katholischen Grundsatz „nulla ecclesia sine episcopo", „keine (autonome) Kirche ohne Bischof", ist rein organisatorisch auch eine Einteilung in selbstständige **Ortskirchen mit** einem Bischof und solche Kirchen oder Gemeinden schlüssig, die aufgrund ihrer Kleinheit und Diasporasituation **keinen eigenen Bischof** haben, also die Kirche in Kroatien sowie die Gemeinden in Frankreich oder in Skandinavien. Diese Gemeindeverbände stehen darum unter der „Jurisdiktion eines Bischofs der Utrechter Union", wobei jeweils ein Bischof als Delegat der IBK fungiert. Ekklesiologische Kriterien für die Aufführung einer Kirche in diesem Buch sind: Zugehörigkeit zur Utrechter Union als Ortskirche, d.h. mit Bischof und Synode; Zugehörigkeit als eine Art Gemeinde- und Gruppenverband ohne eigenständige Vertretung in der IBK (Jurisdiktionen unter der Delegation eines Bischofs der IBK, z.B. Frankreich oder Kroatien), ehemalige Zugehörigkeit in einer historischen Perspektive (z.B. die PNCC in Nordamerika oder die Mariaviten), misslungene Zugehörigkeitsbestrebung (z.B. die altkatholische Kirche in der Slowakei).

---

[*] Franz Segbers, Peter-Ben Smit (Hg.), Katholisch in Zeiten der Globalisierung, Edition Exodus, Luzern 2010

Modifizierte chronologische Gliederung

Unter Abwägung der dargestellten Vor- und Nachteile der unterschiedlichen Einteilungskriterien der Kirchen der Utrechter Union habe ich mich zu einer „modifizierten chronologischen Gliederung" entschlossen, die im Wesentlichen der geschichtlichen Reihenfolge der Aufnahme einer Kirche in die Utrechter Union folgt, zugleich aber auch unterscheidet zwischen einer **tatsächlichen Neuaufnahme** einer Kirche in diese Gemeinschaft (wobei nicht unterschieden wird, aus welchen Motiven eine Kirche zur Utrechter Union gestoßen ist) und einer lediglich formalen eigenständigen Mitgliedschaft einer Kirche, die zuvor schon in anderer Organisationsstruktur zur alt-katholischen Kirchengemeinschaft gehörte, aber durch Selbstständigwerdung „neues" Mitglied der Utrechter Union geworden ist.

Die **Gründungskirchen sind:**

- die niederländische alt-katholische Kirche (damals „Römisch-katholische Kirche der alten bischöflichen Kleresei"),
- das Katholische Bistum der Alt-Katholiken in Deutschland und
- die Christkatholische Kirche der Schweiz.

Erweiterung der Utrechter Union:
(I) Neuaufnahmen

In folgender zeitlicher Reihenfolge traten nachstehende Kirchen der Utrechter Union bei:

- 1890 die altkatholische Kirche in Österreich (damals noch Habsburger Monarchie)
- 1907 die Polnisch-Katholische Kirche in den USA und Kanada, PNCC, die im jahr 2003 aus der Utrechter Union ausschied,
- 1909 die Altkatholische Kirche der Mariaviten in Polen, die schon 1924 wieder aus der Utrechter Union ausschied, und
- 1924 die Altkatholische Kirche der Kroaten.

(II) Mitgliedschaft aufgrund kirchlicher Eigenständigkeit

Durch staatliche Spaltungen (und Teilung der jeweiligen alt-katholischen Kirche in einzelne Ortskirchen) bzw. durch **Selbstständigwerdung von Missionsdiözesen** einzelner alt-katholischer Kirchen erlangten folgende „Tochterkirchen" einen eigenständigen Status, die wie die „Mutterkirche" zur Utrechter Union gehörten:

- 1918 nach dem Ersten Weltkrieg und der Auflösung der österreichischen Doppelmonarchie erfolgte auch eine Trennung des Bistums in ein österreichisches mit Sitz in Wien und ein tschechoslowakisches mit Sitz in Warnsdorf.

Nach dem Zusammenbruch des sozialistischen Regimes teilte sich der Bundesstaat Tschechoslowakei 1992 in die unabhängige Republik Tschechien und die Republik Slowakei. Dadurch entstand
 – die Altkatholische Kirche in der Tschechischen Republik.
Kleinere alt-katholische Verbände, die vorher zur Gemeinde Brünn gehörten, lagen nun auf slowakischem Gebiet. Von einigen ihrer Vertreter wurde damals
 – die angebliche „Altkatholische Kirche der Slowakei" postuliert, die faktisch nicht existiert.

Die Polnisch-Nationale Katholische Kirche missionierte seit der Staatsgründung Polens 1919 im polnischen Mutterland. Im Jahr 1924 weihte der amerikanische polnisch-katholische Primas-Bischof Hodur einen eigenen Bischof für die polnische Missionsdiözese.

• 1952 löste sich die **Polnischkatholische Kirche in Polen (PKK)** auf Druck ihrer Regierung von der PNCC und bildete eine eigene Ortskirche, die sich wie die amerikanische Mutterkirche der Utrechter Union anschloss. Im Gegensatz zu dieser steht die PKK heute nach dem Ausscheiden der PNCC weiterhin „treu zur Utrechter Union".

Daneben gibt es in anderen europäischen Ländern noch Kirchen bzw. einzelne Gemeinden, die zur Utrechter Union gehören und keinen eigenen Bischof haben, sondern unter der **Jurisdiktion der IBK** stehen (siehe unter e):
• die Alt-Katholische Mission in Frankreich („Mission Vieille-Catholique en France")
• die Alt-Katholische Kirche Skandinaviens (Dänemark und Schweden).
Bis 2011 galt dies auch für die bereits erwähnte
• Alt-Katholische Kirche in Italien (siehe entsprechendes Kapitel).

Zeitliche Abgrenzung

Eine zeitliche Abgrenzung ist hinsichtlich der Institution der Utrechter Union leicht zu treffen. Offiziell beginnt die Union alt-katholischer Kirchen am 24. September 1889 mit der Unterzeichnung der Gründungsdokumente. Trotzdem bestand schon vorher eine kirchliche Gemeinschaft zwischen diesen Kirchen, wenngleich nicht auf dem Boden einer gegenseitigen offiziellen Vereinbarung: die Konsekration des deutschen Bischofs Josef Hubert Reinkens erfolgte durch die niederländische Schwesterkirche, schon zuvor hatte der Utrechter Erzbischof in alt-katholischen Gemeinden in Bayern das Firmsakrament gespendet. Die fast 20jährige (zum Teil durchaus kontroverse) Entwicklung des Verhältnisses zwischen der Utrechter Kirche und den alt-katholischen Protestbewegungen in den deutschsprachigen Ländern gegen die vatikanischen Dogmen von 1870 kann als Vorgeschichte der Gründung der Utrechter Union verstanden werden.

Bei jeder geschichtlichen Darstellung stellt sich naturgemäß die Frage, wann der Anfangspunkt definitiv gelegt werden soll, denn das Wesen der Historie ist nun einmal, dass jedes Ereignis seinerseits eine Vorgeschichte hat, die ihrerseits durch eine bestimmte Entwicklung bedingt ist. Natürlich ist es zum Verständnis des Verlaufs und der Intention des Ersten Vatikanums hilfreich, dessen Verlauf, Intention und Vorbedingungen zu kennen. Auch die Kenntnis der innerkatholischen Strömungen des 19. Jahrhunderts etwa in Deutschland ist Voraussetzung, um die alt-katholische Reaktion auf die Papstdogmen von 1870/71 zu verstehen. Eine solche Darstellung der theologischen und religions-soziologischen Parameter in Deutschland leistet etwa die Dissertation von Angela Berlis, auf die in diesem Punkt verwiesen wird.

Wesentlich schwieriger ist hingegen eine geschichtliche Fixierung der alt-katholischen Kirche(n) an sich. Im obigen Zitat von Urs Küry bescheinigt er 1968 der Kirche von Utrecht, dass sie „ihre eigene, annähernd auf 250 Jahre zurückgehende Geschichte hat."[1] Die lange Tradition der Kirche von Utrecht findet innerhalb der alt-katholischen Kirchengemeinschaft gebührenden Respekt, so kommt dem Erzbischof von Utrecht in der Internationalen Bischofskonferenz der Ehrenprimat zu, als „primus inter pares" (Erster unter Gleichen) steht er der IBK vor und leitet deren Sitzungen. Auf dem Alt-Katholikenkongress in Prag 2002 verwies ein holländischer Teilnehmer in einer Plenumsdiskussion darauf, dass die holländische die älteste alt-katholische Kirche sei. Sie sei 1723 durch die Wahl und anschließende Weihe von Cornelius Steenoven zum Erzbischof von Utrecht und der damit vollzogenen Trennung von der römischen Kirche entstanden. So richtig diese Feststellung auf der einen Seite ist, kann andererseits solches Traditionsbewusstsein auch zur „ekklesiologischen Falle" werden: „Die Kirche, jede Kirche, die diesen Namen verdient, wurde gegründet am Pfingstfest.", betonte 1998 der damalige Bischof Joachim Vobbe in seiner Predigt anlässlich des 125-jährigen Bistumsjubiläums der deutschen Alt-Katholiken.[5]

Insbesondere der alt-katholische Anspruch, sich an der alten, ungeteilten Kirche des ersten Jahrtausends zu orientieren, wird durch das Missverständnis fester Kirchengründungstermine unterlaufen. Die alt-katholischen Ortskirchen, die sich als Teil der *einen* Kirche verstehen, können aus diesem Verständnis keinen anderen Gründungszeitraum haben als die Kirche an sich, also die „apostolische Epoche". Darum ist man auf alt-katholischer Seite auch stets bemüht aufzuzeigen, dass mit der Trennung von Rom nach 1870 keine neue Kirche entstanden sei. „Hingegen fällt auf, welch breiten Raum die Vorgeschichte in altkatholischen Selbstdarstellungen einnimmt.", urteilt Victor Conzemius zutreffend.[6] Es sei die „Pflicht jedes katholischen Christen, am alten Glauben festzuhalten", lautete somit auch eine Grundforderung des frühen Alt-Katholizismus.[7]

Auch die begriffliche Unterscheidung zwischen „Kirche" und „Konfession" kann im Falle des Alt-Katholizismus nicht weiterhelfen, indem zwischen der „einen, allgemeinen Kirche Christi" auf der anderen Seite und den unterschiedlichen Bekenntnissen andererseits unterschieden würde. Es ist ja gerade ein Spezifikum des Alt-Katholizismus, dass er eben kein eigenes Bekenntnis hervorgebracht hat, mit dem er sich von anderen Kirchen bewusst abgrenzt, wie dies bei einigen protestantischen Konfessionen der Fall ist (vgl. etwa Confessio Augustana). Im Gegenteil ist der Antrittsanspruch eigenständiger alt-katholischer Kirchen nicht abgrenzend, sondern von Beginn an ist der Einheitsauftrag Christi (vgl. Joh 17, 11; Joh 17, 21+22) das ökumenische Leitmotiv. Aus der skizzierten Orientierung am Kirchenmodell einer ungeteilten, alten Kirche (die es geschichtlich in dieser idealisierten Einheit nie gegeben hat!), ist aber auch der Begriff „altkatholisch" frei verfügbar, der dann eben keine konfessionelle Bedeutung trägt. Darum kann z.B. in der „Geschichte des Christentums" von Andresen und Ritter das Kapitel über das 3. nachchristliche Jahrhundert „Die altkatholische Großkirche in ihrer Eigenständigkeit" überschrieben werden.[8]

Eine geschichtliche Abgrenzung des Altkatholizismus ist aus diesen Überlegungen heraus daher nur organisatorisch möglich. Bischof Vobbe stellte in seiner oben zitierten Predigt zum Bistumsjubiläum demgemäß heraus: „Wohl ist im Jahr 1873 durch die Wahl eines Bischofs durch ein katholisches Kirchenvolk und durch seine Weihe ein Bistum entstanden, das es vorher so nicht gab. Aber ich füge auch gleich hinzu: Es ist ein ungewolltes Bistum. ... Kein ernstzunehmender Christ kann ja zusätzliche Spaltungen in der Christenheit wollen."[5] Was Bischof Vobbe hier im Bezug auf den deutschen Alt-Katholizismus als entscheidendes Kriterium der kirchlichen Eigenständigkeit formuliert, nämlich die Bistumsgründung, ist auch für andere bischöflich-synodal organisierte Ortskirchen das formale Kriterium ihrer Rom-Unabhängigkeit: „In konkret-geschichtlichem Betracht ist die Entstehung der bischöflichen Organisation des Altkatholizismus daher genau lokalisierbar.", formuliert Victor Conzemius.[6]

Einen weniger sophistischen Umgang mit der semantischen Größe „Kirche" legte Angela Bertis fast 30 Jahre später im Titel ihrer Doktorarbeit zu Grunde: „Frauen im Prozess der *Kirch*werdung, Eine historisch-theologische Studie zur Anfangsphase des deutschen Altkatholizismus (1850-1890)".[4]
Genau genommen muss auch der Begriff der „bischöflichen Organisation" bei Conzemius für diejenigen Kirchen unter der Jurisdiktion von Bischöfen der Utrechter Union zurückgewiesen werden, die eben keinen Bischof haben, wie die Gemeinden in Frankreich, Kroatien, Schweden oder Dänemark. Wenn bei diesen Gemeindeverbänden z.B. dennoch der Name „Altkatholische Kirche in Kroatien" aufrecht erhalten werden soll, kann also nicht die *„bischöfliche* Organisation" (Conzemius), sondern schlicht die *eigenständige* katholische kirchliche Organisation als Antrittsmerkmal herangezogen werden.

Die Gründungskirchen der Utrechter Union
Die alt-katholische Kirche der Niederlande

Geschichte des Erzbistums Utrecht

Wie bereits erwähnt, liegt der Ursprung der „kirchlichen Eigenständigkeit" der Kirche von Utrecht lange vor dem Ersten Vatikanum, so dass zur Skizzierung ihrer Geschichte mindestens bis ins 17. Jahrhundert zurückzugehen ist. Zahlreiche Darstellungen der so genannten „alt-katholischen Mutterkirche" beginnen sogar beim „Apostel der Friesen": „Die Anfänge der Kirche von Utrecht gehen zurück auf den heiligen Willibrord, den angelsächsischen Mönch und Apostel der Friesen, der 695 der erste Erzbischof von Utrecht wurde.", heißt es etwa bei Urs Küry.[9] Im Sinne des oben skizzierten Kriteriums organisatorischer Unabhängigkeit einer alt-katholischen Kirche vom Papst ist ein solch weiter historischer Rückgriff nicht nötig. Durch seine biographische Verbindung zwischen England, wo Willibrord 657 oder 658 in Yorkshire geboren wurde, und dem europäischen Festland, ist der erste Utrechter Bischof allerdings von symbolischer Bedeutung für das altkatholisch-anglikanische Verhältnis.

Exkurs: Die alt-katholische Bewegung war seit ihrer Entstehung ab 1870 ökumenisch ausgerichtet. Auf den ersten Altkatholiken-Kongressen wurden die sog. „Unionskonferenzen" mit anderen christlichen Kirchen verabredet und Gesprächskommissionen gebildet. Unter der Anregung und Unterstützung des führenden deutschen alt-katholischen Theologen Ignaz Döllinger, der schon vor 1870 Kontakte zu den Anglikanern gepflegt hatte, wurden intensive Beziehungen zu den anglikanischen Kirchen geknüpft. Zur Vorbereitung einer damals angestrebten Vereinigung mit den inhaltlich besonders eng verwandten Kirchenfamilien wurden „Unterkommissionen" sowohl mit den Orthodoxen als auch mit den Anglikanern eingerichtet. Zunächst scheiterte eine sichtbare kirchliche Gemeinschaft zwischen alt-katholischen und anglikanischen Kirchen daran, dass die Gültigkeit der anglikanischen Weihen (und damit die Anerkennung ihrer „apostolischen Sukzession") sowohl von orthodoxer Seite als auch durch die Utrechter Kirche angezweifelt wurde.

Um die ökumenische Verbundenheit und das Zusammenwachsen zwischen Alt-Katholiken und Anglikanern gleichwohl zu fördern, wurde 1908 die erste Willibrord-Gesellschaft gegründet. Weitere Konsultationen und theologische Forschung führten dazu, dass 1925 auch die Utrechter Kirche und die gesamte IBK die anglikanischen Weihen anerkannte; sechs Jahre später wurde das offizielle „Bonn Agreement" abgeschlossen. In ihrer knappen Form ist diese offizielle Vereinbarung über die „volle kirchliche Gemeinschaft" zwischen den Kirchen der Utrechter Union und der Anglican Communion ein Modell für ökumenischen Mut und Willen zum Zusammenwachsen; das Agreement konstatiert die Übereinstimmung in den Grundfragen des christlichen Glaubens (ohne in sämtlichen Detailfragen völlig identisch zu sein) bei gegenseitiger Anerkennung der jeweiligen Katholizität. Die Willibrord-Gesellschaft besteht weiterhin und hat das Ziel, das Bonn-Agreement mit Leben zu füllen durch gemeinsame diakonische Projekte, Gottesdienste und Begegnungen.

Urs Küry betont weiterhin, dass sich die Utrechter Kirche schon im Mittelalter durch „weitgehende Unabhängigkeit von Rom" ausgezeichnet habe[9], was zwar keine formale Eigenständigkeit im oben dargestellten Sinne bedeutet, aber die geistige Grundlage für die weitere Entwicklung markiert. Das Domkapitel in Utrecht wählte über Jahrhunderte seinen Erzbischof ohne römisches Eingriffsrecht. Besonders der Kontakt mit dem Jansenismus bestimmte im 17. Jahrhundert die Entwicklung des Erzbistums Utrecht.

Der Jansenismus

Diese Bewegung trägt ihren Namen vom niederländischen Gelehrten und Bischof von Ypern, Cornelius Jansen. Er fasste in seinem Buch über den Kirchenvater Augustinus dessen Gnadenlehre zusammen. Die Augustinische Rechtfertigungslehre war heiß umstritten. Es ging um die Frage, ob der Mensch aus eigenen Möglichkeiten etwas zu seiner Rettung beitragen könne oder ob er ganz von der Gnade Gottes abhängig sei, wie Jansen und Augustinus behaupteten. Gott allein sei es, der die Menschen erwählt und rettet. Zu seiner Erwählung könne der Mensch nichts beitragen, er könne sich nur Gott völlig hingeben. Jansens Anhänger, die Jansenisten, legten daher größten Wert auf die innere Haltung jedes einzelnen, die formale Kirchenzugehörigkeit war entsprechend als äußeres Kriterium weniger bedeutsam. Sie strebten eine tiefe persönliche Liebe zu Gott an und waren in moralischen Fragen streng. Die Sakramente wurden erst nach eingehender Gewissenserforschung empfangen. Die Jansenisten waren die ersten Katholiken, die mit den Kirchen der Reformation ins Gespräch kamen.

Exkurs: Die Rechtfertigungslehre markiert einen zentralen Punkt in der Kritik Luthers und der Reformatoren an der katholischen Praxis des Ablasshandels. Luther findet auf seine brennende Frage „Wie finde ich einen gnädigen Gott" die Antwort, die zum Leitmotiv des Protestantismus wird: „Sola gratia" – allein durch Gnade. In diesem Punkt begegneten sich dementsprechend Protestanten und Jansenisten, während als innerkatholische Gegner dieser Gnadenlehre vor allen die Jesuiten standen, die am „Ablassgedanken" festhielten, dass nämlich der Mensch durch gute Werke an der Errettung seiner Seele mitwirken könne. Es wäre allerdings falsch, die jesuitische Haltung als reine „Werksgerechtigkeit" zu verkürzen. Letztlich markieren die Extrempositionen einerseits „völlige Abhängigkeit von Gottes Gnade" (bis hin zur Vorherbestimmtheit des Menschen für sein Heil oder seine Verwerfung [Prädestination]) und andererseits „Mitarbeit des Menschen an seiner Rechtfertigung

*durch gute Werke" einen Spannungsbogen, der schon in den neu-
testamentlichen Briefen angelegt ist. „Ohne es verdient zu haben, werden sie
gerecht, dank seiner Gnade, durch die Erlösung in Christus Jesus.", spitzt
Paulus seine Gnadenlehre im Römerbrief zu (Röm 3, 24), während der
Jakobusbrief entgegnet: „Ihr seht, dass der Mensch aufgrund seiner Werke
gerecht wird, nicht durch den Glauben allein." (Jak 2, 24).*

*Auch die Gnadenlehre des nordafrikanischen Kirchenvaters Augustinus, auf den
Jansen zurückgreift, ist etwa drei Jahrhunderte nach diesen Episteln im Zuge
einer solch dialektischen Auseinandersetzung entstanden, nämlich als Ge-
genentwurf zur Überbetonung der Askese als christlichem Heilsweg. Eine ent-
haltsame Lebensführung und Überwindung der eigenen Begierden wurde seinerzeit allgemein in der Kirche gefordert – sowohl im Osten wie im Westen. Augustinus sah insbesondere im Mönch Pelagius, der sich in Rom niedergelassen
hatte und der (wie viele andere) Askese predigte, seinen Gegenspieler. Pelagius
steht daher stellvertretend für den theologischen Ansatz, der Mensch könne
durch eigenes Tun etwas zu seinem Heil beitragen. Der Regensburger Kirchengeschichtler Norbert Brox hält fest: „An sich war die pelagische Theologie die
traditionelle, zumal in Rom, aber die Afrikaner unter der theologischen Führung Augustins setzten ihre Verketzerung in der Kirche durch und machten damit die augustinische Gnadentheologie zur Basis der westlichen Tradition".*[10]

*Dass solche ideologischen Richtungskämpfe nicht allein geistigen Sphären ent-
springen, sondern im ganz persönlichen Erfahrungshorizont der Beteiligten angelegt sind, stellt der Bochumer Patristiker Wilhelm Geerlings heraus: „Der
durch asketische Übungen geschulte und damit an Erfolg und Fortschritt ge-
wöhnte Pelagius konnte den Verlauf seiner asketischen Anstrengungen kontrol-
lieren. Für den schon von der äußeren Physiognomie verschiedenen Augustinus,
der Tiefen und Rückschläge in seinem Leben zu oft erlebt hatte, war klar: Die
Gnade wird gegeben, damit man überhaupt etwas leisten kann."*[11]

*In der „Gemeinsamen Erklärung zur Rechtfertigungslehre" zwischen der
römisch-katholischen Kirche und dem Lutherischen Weltbund aus dem Jahr
1999 verliert der alte Streitpunkt weitgehend seine konfessionsspaltende Bedeutung. Moderne Ansätze der Gnadentheologie versuchen die skizzierten Extrempositionen nicht gegeneinander auszuspielen, sondern beide Aspekte
zusammenzuführen. So ist das Verrichten guter Werke die menschliche
Konsequenz der göttlichen Gnade. In diesem Sinne besagt z.B. ein Aphorismus
Ernst Käsemanns, dass Gnade, die nicht tätig werde, Einbildung sei.*[12]

Ein besonderes Zentrum jansenistischer Frömmigkeit entstand um das Kloster
Port Royal bei Versailles. Die sog. „Einsiedler (*Solitaires)* von Port-Royal"
lebten nicht im Kloster, sondern in Scheunen benachbarter Bauernhöfe („Les
Granges"), die noch heute bestehen. Nach Port Royal zogen sich die „Frommen

von Port Royal" für längere oder kürzere Zeit zurück, um sich der Stille, dem Gebet oder dem Studium der Heiligen Schrift zu widmen. Dieser Gruppe gehörten bedeutende Persönlichkeiten Frankreichs an, unter ihnen der Mathematiker Blaise Pascal. Konflikte mit Rom führten schließlich zum Untergang des Jansenismus in Frankreich. Bereits 1641 wurde Bischof Jansens Werk „Augustinus" vom Vatikan verboten, in der Bulle „Cum occasione" von 1653 verurteilte Papst Innozenz X. fünf Thesen aus Jansens Werk, wobei nur ein Satz wörtlich von Jansen übernommen war. Papst Alexander VII. bestätigte 1665 diese Bulle seines Vorgängers. Er verlangte ab dem Folgejahr von allen Gläubigen die Unterschrift des sog. „Formulars", in dem diese fünf Sätze, die man aus dem *Augustinus* von Jansenius exzerpiert hatte, verurteilt wurden. Die Nonnen und Solitaires von Port-Royal – und später auch die Niederländische Kirche – weigerten sich, dieses Formular zu unterschreiben und wurden deswegen verfolgt. Die Abtei durfte keine Novizen mehr aufzunehmen. Der Widerstand gegen das Formular weilte aber fort. Das augustinistische Gedankengut von Jansenius und von Port-Royal zeigte sich z.B. in der Französischen Übersetzung des Neuen Testaments des Oratorianerpriesters Pasquier Quesnel. König Ludwig XIV. ließ 1709 Port Royal militärisch besetzen. Die Nonnen wurden vertrieben und das Kloster dem Erdboden gleichgemacht. 1713 erließ der Papst die Bulle „Unigenitus", was die endgültige Verurteilung des Jansenismus bedeutete. Auch die Übersetzung Quesnels wurde hierin verworfen. Diese Verurteilung rief in Frankreich großen Protest durch die sog. *Appellanten* hervor, die die päpstliche Urkunde „Unigenitus" von einem allgemeinen Konzil beurteilt sehen wollten. Viele Appellanten aus Frankreich und den südlichen Niederlanden flüchteten in die Holländische Republik und sorgten 1719 dafür, dass die Kirche von Utrecht sich diesem Protest anschloss.

Die Kirche von Utrecht

Die Utrechter Bischöfe wurden vom Domkapitel gewählt, das wiederum durch die Geistlichkeit des Bistums bestimmt wurde. In den Niederlanden wurden während der Reformation die holländischen Katholiken der Kollaboration mit den verhassten katholischen Spaniern verdächtigt und verfolgt. Die Gottesdienste wurden verboten, die Gemeinden zogen sich in so genannte „Versteckkirchen" zurück, also als Scheunen oder Nutzgebäude getarnte Kirchen, die sich z.T. noch heute im Besitz der niederländischen Altkatholiken befinden. Mit der Zeit entspannte sich das Verhältnis zur reformierten Mehrheit der Bevölkerung. Aus Sicht der Gegenreformation waren die Niederlande jedoch komplett ins protestantische Lager gefallen und die päpstliche Politik zog entsprechende Konsequenzen, ohne auf die verbliebenen katholischen „Restbestände" Rücksicht zu nehmen. Prof. Günter Esser bewertet die damalige Situation wie folgt: „Die römische Kurie, die die alte katholische Kirche in den Niederlanden, wie sie seit 695, als Willibrord erster Bischof von Utrecht wurde, bestand, für untergegangen erklärt hatte, schickte nun Missionare ins Land, um die Menschen für den Katholizismus zurückzugewinnen. Diese Missionare, die meisten waren Jesuiten, unterstützten die römische Auffassung, die Niederlande seien eine katholische ‚tabula rasa', wo man gewissermaßen ganz von vorne anfangen müsse. Die alte katholische Kirche sei definitiv in der Reformation untergegangen."[13] Die von Rom entsandten jesuitischen Missionare belasteten das wieder entstandene tolerante Klima in den Niederlanden. Die „alten Katholiken" sahen in den jesuitischen Gegenreformatoren keine Unterstützer des katholischen Glaubens, sondern päpstliche Kämpfer um die Vormacht: „Diese Missionare standen auf der anderen Seite.", urteilt Esser.[13]

Am Ende des 17. Jahrhunderts fanden immer mehr französische Jansenisten in der Utrechter Kirche Zuflucht. Die Jesuiten beschimpften die angestammten katholischen Geistlichen kurzerhand ihrerseits als „Jansenisten". Georg Reynders bemerkt, dass diese jesuitische Propaganda sogar dem Papst überhand nahm: „Zwar befahl Papst Innozenz XII. im Jahre 1694 den Bischöfen von Brabant, sie sollten nicht dulden, dass jemand, wie es vornehmlich durch die Jesuiten geschah, als ‚Jansenist' verketzert oder verfolgt würde, wenn ihm nicht tatsächlich eine Irrlehre nachgewiesen sei. Aber in Missachtung dieses päpstlichen Befehls beschuldigten die Jesuiten im gleichen Jahr Erzbischof Codde in Rom der Irrlehre. Unter vielem anderen wurde ihm vorgeworfen, seine jungen Geistlichen würden im ‚jansenistischen' Geist erzogen."[14]

Exkurs: *Bis heute können sich niederländische Alt-KatholikInnen daran erinnern, dass sie in ihrer Jugend von Römisch-Katholischen als „Jansenisten" bezeichnet wurden. In der Düsseldorfer Gemeinde habe ich eine gebürtige Holländerin kennen gelernt, die erzählte, dass sie als junges Mädchen in einem katholischen Krankenhaus von den Ordensschwestern derartig abschätzig betitelt und entsprechend behandelt worden sei.*

Der Utrechter Erzbischof Petrus Codde wurde wegen der angeblichen jansenistischen Irrlehren nach Rom zitiert und 1702 von Clemens XI., dem Nachfolger Innozenz' XII. suspendiert und 1704 abgesetzt. Der neue Papst erklärte auch das Domkapitel für aufgelöst und setzte einen apostolischen Vikar für die Niederlande als Oberhaupt der katholischen Kirche des Landes ein. Erst etwa 20 Jahre später sah das Utrechter Domkapitel keine Hoffnung mehr auf eine Einigung mit Rom und wählte am 17. April 1723 gemäß seiner alten Rechte einen neuen Erzbischof: Cornelius Steenoven. Dieser erhielt seine Weihe vom französischen Missionsbischof Dominique Maria Varlet.* Rom sprach daraufhin

---

* Eine ausführliche Darstellung der Person Dominique Maria Varlets und seiner mit der Utrechter Kirche eng verknüpften Biografie ist in der IKZ 1963 veröffentlicht worden: Bastian A. van Kleef, Dominicus Maria Varlet 1678-1742, Ein Beitrag zur Geschichte der Utrechter Kirche.

den Kirchenbann über Steenhoven und diejenigen Katholiken aus, die weiter zu ihm standen – die Wege der beiden Kirchen trennen sich. Die Kirche von Utrecht blieb weiterhin eine Zufluchtsstätte für Jansenisten.

Trotz aller Missionsversuche gelang es den Jesuiten dennoch nicht, eine neue katholische Kirche in den Niederlanden zu etablieren, so dass die Kirche von Utrecht lange Zeit die einzige katholische Kirche im Land blieb, erst im 19. Jahrhundert wurden römisch-katholische Kirchenstrukturen aufgebaut. Die Kirche von Utrecht nennt sich selbst erst nach 1870 „alt-katholisch"[*]. Da sie im Gegensatz zu den deutschsprachigen alt-katholischen Bistümern Europas nicht erst im Zuge der Auseinandersetzungen um die Dogmen des ersten vatikanischen Konzils entstand, sondern zu diesem Zeitpunkt schon eine eigenständige kirchliche Tradition von annähernd 150 Jahren hatte, rechnet Urs Küry sie auch zu den Vorläufern des Alt-Katholizismus und zählt sie zusammen mit anderen „innerkatholischen Widerstandsbewegungen" gegen den päpstlichen Zentralismus auf: Konziliarismus, Gallikanismus (vgl. hierzu die „Mission Vieille-Catholique en France"), Jansenismus, Utrechter Kirche, Febronianismus, Josefinismus (vgl. alt-katholische Kirche in Österreich) und die Reformen des aufgeklärten römisch-katholischen Generalvikars des Bistums Konstanz, Ignaz Heinrich von Wessenberg, zu Beginn des 19. Jahrhunderts.

Exkurs: *1634 suchte eine große Sturmflut die Westküste Schleswig-Holsteins heim. Die südlichste der nordfriesischen Inseln „Strand" ging dabei fast vollständig unter, tausende Menschen und Tiere starben. Übrig blieben Teile der alten Insel, die heute die Inseln Pellworm und Nordstrand bilden. 1652 heuerte der Herzog von Schleswig-Gottorf niederländische Deichbauer an, diese Inseln neu einzudeichen. Die katholischen Holländer erhielten Religionsfreiheit im ansonsten fast ausschließlich lutherischen Gebiet. Sie gründeten 1654 eine eigene katholische Gemeinde, das Erzbistum Utrecht übernahm 1681 die Seelsorge auf Nordstrand.*

In der Auseinandersetzung zwischen dem Utrechter Domkapitel und der päpstlichen Kurie blieben die Nordstrander Katholiken ihrer Mutterkirche treu. Damit ist die Theresienkirche auf Nordstrand als Gemeinde der Utrechter Kirche die erste alt-katholische Gemeinde in Deutschland. Sie ging erst 1920 in das deutsche alt-katholische Bistum über. Im Frühjahr 2004 konnte daher die Nordstrander Gemeinde ihr 350-jähriges Bestehen feiern, obwohl das zugehörige Bistum gerade einmal 130 Jahre alt war – auch dies ein Hinweis auf die Schwierigkeit einer klaren historischen Abgrenzung.[**]

---

[*] vgl. hierzu Dirk Schoons Buch „Van bisschoppelijke Cleresie tot oud-katholieke Kerk" (2004).
[**] vgl. hierzu: „De Domo Nordstrandica", Festschrift zum 350jährigen Bestehen der alt-katholischen Pfarrgemeinde Nordstrand, Uthlande-Verlag, Nordstrand, 2004

Die Kirche von Utrecht betonte sogar in ihrem offizizellen Namen, dass sie sich nicht als abgespaltene Kirche verstehe, sondern sich weiterhin zur römisch-katholischen Kirche zugehörig sehe: „Römisch-katholische Kirche der alten bischöflichen Kleresei". In ihrem Selbstverständnis verteidigte sie allerdings die ortskirchliche Eigenständigkeit gegen die unrechtmäßige Einflussnahme der Inhaber des römischen Bischofsamtes. Die Wahl und Weihe ihrer Bischöfe wurde ordnungsgemäß dem Papst gemeldet, die formale Bitte um Bestätigung jedoch nie erfüllt. Diese Tradition wurde nach zwischenzeitlicher Pause im Zuge der Gründung der Utrechter Union nach dem Zweiten Vatikanum wieder aufgenommen. Die Reformen des 2. vatikanischen Konzils haben das Verhältnis zwischen der römisch- und alt-katholischen Kirche deutlich verbessert.

Exkurs: In den aktuellen internationalen römisch-/alt-katholischen Gesprächen werden solche Ideen aufgegriffen. Die Schrift „Kirche und Kirchengemeinschaft"[43] der Dialogkommission macht Vorschläge zum Primat des Papstes als „personales Zeichen der universalen Einheit der Ortskirchen". Darin enthalten ist u.a. die alt-katholische Selbstverpflichtung, Bischofswahlen und -weihen ebenso wie kontroverse Entwicklungen in den autonomen Ortskirchen (etwa der Konflikt um die Frauenordination) dem Papst anzuzeigen.

Bis zum Jahr 1559 stand die Kirchenprovinz Utrecht unter dem Metropolitansitz von Köln. Papst Paul IV. erhob sie dann zum Erzbistum mit den Suffraganbistümer Haarlem, Leeuwarden, Groningen, Deventer und Middelburg. Hieran hat die Kirche von Utrecht auch später stets festgehalten. Da es im Streit gegen das Formular Alexanders VII. und gegen die Bulle *Unigenitus* bzw. im Eintreten für die alten Rechte der Utrechter Kirche nur in den Bistümern Utrecht und Haarlem Anhänger gab, wurden nur diese Sitze mit Bischöfen besetzt. Um die gültige bischöfliche Nachfolge zu garantieren, ernannte man zudem noch einen Bischof von Deventer. Die übrigen Sitze galten formell als vakant. Durch die Einbettung der niederländischen Kirche in die Utrechter Union ist diese Vorsichtsmaßnahme unnötig geworden, da genügend andere alt-katholische Bischöfe für eine Konsekration zur Verfügung stehen. Für das Bistum Deventer wurde 1982 nach dem Wechsel des damaligen Bischofs Antonius Jan Glazemaker zum Utrechter Erzbischof kein Nachfolger geweiht. Das Erzbistum Utrecht umfasst 19 Gemeinden, Erzbischof ist Dr. Joris Vercammen. Zum Bistum von Haarlem gehören 10 Gemeinden, Bischof ist seit 2008 der „gebürtige" Alt-Katholik Dr. Dirk Schoon, als Nachfolger des im selben Jahr verstorbenen Dr. Bert Wirix-Speetjens. Die niederländische Kirche hat insgesamt nach eigenen Angaben ungefähr 6.000 Mitglieder. Die Bischofskirche des Utrechter Erzbischofs ist St. Gertrud in Utrecht.

Deutschland

Katholisches Bistum der Alt-Katholiken in Deutschland
Die Entstehung der Kirche in Deutschland

Nach der Verkündigung der Glaubenssätze der Unfehlbarkeit des Papstes und seiner obersten Jurisdiktionsgewalt über die ganze Kirche setzten viele Gegner dieser Beschlüsse ihre Hoffnung auf die Minoritätsbischöfe, die sich auf dem Konzil gegen die beiden Dogmen ausgesprochen hatten. Nach der Rückkehr in ihre Bistümer unterwarfen sie sich jedoch alle unter entsprechendem Druck dem Papst, der ihnen die Exkommunikation angedroht hatte. Auch die Regierungen, die Protest geäußert hatten, lenkten ein.

Der Widerstand der katholischen Laien und Theologen formierte sich darum außerhalb des katholischen Episkopats, wobei insbesondere Hochschullehrer eine Führungsrolle übernahmen, so dass die alt-katholische Kirche in Deutschland oft als „Professorenkirche" betitelt wurde. Die bedeutendsten unter ihnen waren zweifellos Ignaz Döllinger und Johannes Friedrich in München. In Breslau wirkten der spätere Bischof Josef Hubert Reinkens und sein Freund Theodor Weber, an der Prager Universität hatte der Kirchenrechtler Johann Friedrich von Schulte eine Rechtsprofessur inne, der später die Synodal- und Gemeindeordnung der Kirche ausarbeitete. Besonders die Universität Bonn wurde zur „Hochburg des Widerstandes" gegen die Dogmen von 1870. Drei der fünf Professoren der Katholisch-Theologischen Fakultät unterwarfen sich nicht der Anerkennung der Dogmen und bekannten sich als Alt-Katholiken, nämlich Peter Knoodt, Joseph Langen und Franz Heinrich Reusch.

Exkurs: Durch diese Tatsache verfügte die spätere alt-katholische Kirche in Bonn über Lehrstuhlinhaber an einer staatlichen Universität, so dass die theologische Ausbildung ihrer Geistlichen gesichert schien. Die römische Kirche konnte die Entlassung der staatlich beamteten Lehrstuhlinhaber trotz ihrer Exkommunikation nicht erwirken (ähnlich stellt sich dieses Problem immer wieder bei katholischen Lehrstuhlinhabern dar, denen die „Missio canonica" entzogen wird, etwa bei Küng oder Ranke-Heinemann). Im Fall der alt-katholischen Professoren schien sich aus römischer Sicht eine „biologische Lösung" zu ergeben: Verstorbene bzw. emeritierte alt-katholische Lehrstuhlinhaber erhielten römisch-katholische Nachfolger. Der zuständige preußische Landtag sagte zwar prinzipiell zu, den Alt-Katholiken auch künftig die Ausbildung ihrer Geistlichen an der Universität zu ermöglichen, aber v.a. aufgrund der Opposition der Zentrumspartei war die Finanzierung lange Zeit nicht garantiert. Erst 1902 wurde an der Bonner Universität ein alt-katholisches Seminar eingerichtet[*], das in die Philosophische Fakultät

---

[*] vgl. hierzu Günter Eßer und Matthias Ring (Hrsg.): „Zwischen Freiheit und Gebundenheit", Festschrift zum 100jährigen Bestehen des Alt-Katholischen Seminars der Universität Bonn, Bistumsverlag, Bonn, 2002

eingegliedert wurde, nach dem Zweiten Weltkrieg wurde es direkt dem Senat unterstellt.

Bis zur Doktorarbeit von Angela Berlis, die die Rolle der *Frauen* im Prozess der Kirchwerdung[4] untersucht, war im Bezug auf die erwähnten Professoren, die maßgeblich die alt-katholische Bewegung prägten, die Rede von den „*Vätern* der altkatholischen Kirche". Sie wandten sich mit öffentlichen Erklärungen an die deutschen Katholiken. Zuerst wurden die vatikanischen Dogmen im „Protest von Königswinter" verworfen, der von insgesamt 1359 Laien unterzeichnet worden war und am 9. September 1870 in der Kölnischen Zeitung veröffentlicht wurde. Der Münchener Stiftspropst Ignaz von Döllinger hatte Ende August 1870 Gegner der neuen Dogmen zu einer Zusammenkunft nach Nürnberg geladen, wobei ein Appell an die Minoritätsbischöfe verfasst wurde. In dieser „Nürnberger Erklärung" wurden die Argumente der Minoritätsbischöfe gegen die Dogmen zusammengefasst und die Bischöfe aufgefordert, auf das Zustandekommen eines wirklichen, freien Konzils zu drängen, „um der Not in der Kirche und der Bedrängnis des Gewissens willen".[15] Als sich wenige Tage später auf der katholischen deutschen Bischofskonferenz, die in Fulda tagte, auch die beiden bisherigen Dogmengegner, der Bischof von Rottenburg Karl Joseph von Hefele[*] und sein Amtsbruder Joseph Georg Stroßmayer aus Djakova (Serbien), den neuen Glaubenssätzen unterwarfen, wurde die Nürnberger Erklärung nicht veröffentlicht.

Die Unfehlbarkeitsgegner schlossen sich zunächst weiter in Arbeitstreffen zusammen. In München traf man sich im Museumssaal („Museumsversammlungen"), in der Zeit zwischen den größeren Versammlungen leitete ein Komitee die Oppositionsarbeit. Döllinger wurde im April 1871 offiziell exkommuniziert; zu Pfingsten wurde zu einer weiteren Zusammenkunft führender Oppositioneller nach München eingeladen und die programmatische Münchener Pfingsterklärung verfasst und in der Augsburger Allgemeinen Zeitung veröffentlicht. Die exkommunizierten [alt]katholischen Geistlichen erklären hierin, dass sie Katholiken blieben und die Sakramentsspendung in ihren Gemeinden weiterhin vollziehen würden. Die Pfingstversammlung leitete dann die Sammlung all jener Katholiken ein, die die neuen Dogmen nicht anerkennen konnten. Es wurde für den September 1871 zu einem allgemeinen Kongress ebenfalls nach München eingeladen, um einen gemeinsamen Verbund zu organisieren und Reformen der Kirche umzusetzen, die man für erforderlich hielt.

Der Münchener Katholikenkongress (der Name lautete noch nicht „*Alt*katholiken-Kongress") vom 22.-24. September 1871 verabschiedete das Münchener

---

[*] Eine Kurzdarstellung der Biografie Hefeles ist 2007 in der deutschen Kirchenzeitung unter dem Titel „Ein Hoffnungsträger, der enttäuschte" erschienen; Joachim Pfützer, Der Rottenburger Bischof Hefele und die Alt-Katholiken, in: *Christen heute*, Mai 2007

Programm. Hier wurde die Orientierung an der alten, ungeteilten Kirche des ersten Jahrtausends sowie das Ziel der Wiedervereinigung der Kirchen formuliert. Während Johann Friedrich von Schulte bereits hier die Gründung eigener Gemeinden befürwortete, lehnte Döllinger dies ab und warnte davor, „Gemeinde gegen Gemeinde und Altar gegen Altar"[16] zu stellen. Die große Mehrheit des Kongresses schloss sich hingegen der Forderung Schultes an. Nach dem Katholikenkongress in München kam es zu zahlreichen Vorträgen über die alt-katholischen Anliegen in vielen deutschen Städten. Hieraus entstanden erste Gemeinden. Die Koordination der Vortrags- und Aufklärungsarbeit wurde durch zwei so genannte „Aktionskomitees" geleistet, die in Köln und München ihren Sitz hatten. Insgesamt entstanden durch diese Arbeit in den ersten Jahren etwa 100 Gemeinden hauptsächlich in Baden, im Rheinland, in Bayern, in Hessen und in Preußen. Zunächst war es schwierig, geeignete Seelsorger für diese Gemeinden zu finden.

Der erste Altkatholiken-Kongress, der auch diesen Namen trug, fand ein Jahr später in Köln vom 20.- 22. September statt. Bereits am 2. Februar 1872 hatte der alt-katholische Pfarrer Dr. Wilhelm Tangermann, dem der Kölner Erzbischof seine frühere Pfarrei in Unkel entzogen hatte, in der Kölner Kirche St. Pantaleon den ersten alt-katholischen Gottesdienst im Bereich des heutigen deutschen Bistums gefeiert. Bereits fast ein halbes Jahr früher, am 23. Juli 1871 (also noch zwei Monate vor Beginn des Münchener Kongresses), feierte der spätere Koblenzer Pfarrer Paul Kaminski* im oberschlesischen Katowice (Kattowitz) den ersten öffentlichen alt-katholischen Gottesdienst.

Exkurs: Das Schicksal der Gemeinde Kattowitz kann als Beispiel für die wechselvolle Geschichte der alt-katholischen Kirche in der stets umkämpften mitteleuropäischen Region Schlesien dienen. Der ehemalige Berliner alt-katholische Dekan Johannes Urbisch zeichnet in seinem 2006 erschienenen Buch „Die Geschichte des Alt-Katholizismus in Schlesien bis 1945" nach.[17]

Nach dem verlorenen Ersten Weltkrieg wurde die ehemals deutsche alt-katholische Gemeinde Kattowitz zum Spielball der politischen Verhältnisse; dies hatte Auswirkungen auch auf die kirchliche Jurisdiktion. Johannes Urbisch konstatiert für das Jahr 1922: „Es war die letzte Eintragung über die Gemeinde Kattowitz im alt-katholischen Kalender, da auf Grund des Plebiszits und der Entscheidung der Siegermächte des Ersten Weltkrieges Kattowitz, wie ganz Oberschlesien, an Polen abgetreten werden musste."[17]. Aufgrund der politischen Verhältnisse führte dies dazu, dass zeitweilig die mariavitische Kirche (s. dort) zuständig wurde; Urbisch führt aus, „dass Bischof Dr. Kowalski*□ in

---

* Pfarrer Paul Kaminski war dann ab 1876 in mehreren südbadischen Gemeinden tätig, seit 1878 in Tiengen.
** Jan Maria Michal Kowalski, der „Erzbischof" der Mariaviten (s. dort), *1871, † 1942

Plock im Einvernehmen mit Bischof Dr. Moog* in Bonn für die weitere Seel-sorge in der Gemeinde Kattowitz Sorge tragen wird ... Die weitere Entwicklung nahm einen ziemlich chaotischen Verlauf. ... Nach vorübergehender Unter-stellung der verbleibenden Restgemeinde unter die Jurisdiktion des Bistums-verwesers der Alt-Katholischen Kirche der Tschechoslowakei, Alois Paschek (s. dort), wurde die kleine alt-katholische Kirchengemeinde in Ostoberschlesien durch die Verordnung der Wojewodschaft Schlesien vom 22. Januar 1924 wie-der der Jurisdiktion des deutschen alt-katholischen Bischofs unterstellt. ... 1937 lief die Geltung der preußischen Gesetze in Oberschlesien aus. ... Mit dem 4. August 1938 wurde die Alt-Katholische Parochie Kattowitz für erloschen er-klärt... Eine völlig neue Lage entstand 1939 nach dem Einmarsch deutscher Truppen in Polen...[18]

Urbisch setzt sich in seiner Geschichte des Alt-Katholizismus in Schlesien nach der Machtergreifung der Nazis kritisch mit der Rolle der Katholisch-National-kirchlichen Bewegung (KNB) auseinander. Dieser Verband, der maßgeblich vom damaligen Essener Pfarrer Heinrich Hütwohl gegründet worden war, ver-suchte Mitglieder für die alt-katholische Kirche zu werben, indem insbesondere die Idee einer katholischen Nationalkirche hervorgehoben wurde. Eine solche Betonung des völkischen Gedanken innerhalb der Ortskirchen-Ekklesiologie versuchte von der nationalsozialistischen Ideologie bzw. Macht zu profitieren. Eine umfangreiche wissenschaftliche Untersuchung und Bewertung leistet Bischof Matthias Ring in seiner Dissertation „Katholisch und deutsch“.[26]

Urbisch urteilt über die KNB: „Festzustellen ist, dass sich die Eiferer der KNB (später des KNV) auf einem sehr problematischen Terrain befanden, indem sie das Volkstum und den Nationalgedanken in ihren Aktionen maßlos überhöhten und damit dem nationalsozialistischen Gedankengut Vorschub leisteten.“[19] *„Es war dennoch eine Tatsache, dass in dieser Zeit viele Gemeinden große Beitrittswellen zu verzeichnen hatten und so manche Gemeinde quasi über Nacht entstanden war.“*[18] *Für die Kattowitzer Gemeinde bedeutet dies für das Jahr 1940: „Die Zahl der Gemeindemitglieder stieg auf annähernd 200.“*[20] *Das Ende der alt-katholischen Gemeinde ist eingebettet in das Schicksal der gesamten mitteleuropäischen Region Schlesien, das Urbisch wie folgt beschreibt: „Dort folgte dem Elend und der Zerstörung des Krieges das unendliche Leid der Vertreibung. ... Die deutsche alt-katholische Kirche in Schlesien gibt es seitdem nicht mehr.“*[21]

Neben München entstand im Rheinland ein besonderes Zentrum des Alt-Katholizismus. In Köln konstituierte sich im Frühjahr 1872 offiziell eine Pfarr-gemeinde. Bekannte Kölner Industriellenfamilien gehörten zur Gründergenera-

---

* Georg Moog, vierter alt-katholischer Bischof, *1863, † 1934

tion, darunter die Schokoladenfabrikanten Stollwerck und der Hersteller des „4711 Echt Kölnisch Wasser" Ferdinand Mühlens. Der Kölner Kongress verabschiedete eine erste provisorische Ordnung für die Seelsorge und stellte die Weichen zur Gründung eines eigenen Bistums. Eine Kommission zur Vorbereitung einer Bischofswahl wurde eingesetzt; eine weitere Kommission nahm bereits Gesprächskontakte mit den Orthodoxen und den Anglikanern auf, die unter der Leitung von Döllinger stand, obwohl dieser weiterhin die Gründung eines eigenen Bistums ablehnte. Auf dem zweiten Alt-Katholikenkongress 1872 in Köln wurde die Bildung von sog. „Unionskommissionen" mit diesen beiden Kirchenfamilien beschlossen. 1874 und 1875 berief Döllinger die „Bonner Unionskonferenzen" ein. Der Kölner Alt-Katholikenkongress hatte 1872 bereits eine sog. „Bischofskommission" gewählt, die zunächst mit den staatlichen Stellen über die Anerkennung eines eigenen Bischofs verhandelte. Dieses Gremium setzte sich aus 21 Priestern und 54 Laien zusammen; es wählte am 4. Juni 1873 den Breslauer Theologieprofessor Josef Hubert Reinkens zum ersten Bischof der Alt-Katholiken in Deutschland.

Zur Sicherstellung einer Bischofsweihe innerhalb der apostolischen Sukzession wandten sich die Alt-Katholiken in Deutschland an die Utrechter Kirche. Diese stand ebenfalls in Opposition zu den Papstdogmen von 1870 und dem zentralistischen Anspruch der Kurie, so dass die Utrechter Kirche in den alt-katholischen Bewegungen „geistesverwandte Bundesgenossen" sah. Der Utrechter Erzbischof Henricus Loos unternahm 1872 eine Pastoralreise nach Bayern, um die Kinder exkommunizierter Altkatholiken zu firmen. Hier war der Grundstein für eine engere Zusammenarbeit zwischen der traditionsreichen Kirche von Utrecht und den entstehenden alt-katholischen Gemeinden gelegt.

Exkurs: *Einige alt-katholische Theologen (etwa der erwähnte Bonner Professor Peter Knoodt) befürchteten, dass durch die Verbindung zur Utrechter Kirche die gesamte alt-katholische Bewegung als „jansenistisch" verurteilt würde und dadurch ungeachtet ihrer inhaltlichen Anliegen als häretisch abgelehnt würde. Um dieser möglichen Unterstellung von vornherein zu begegnen, stellte schon der Münchner Kongress ausdrücklich fest, der Kirche von Utrecht werde der Vorwurf des Jansenismus zu Unrecht gemacht.[22]*

Auch die Bischofsweihe von Josef Hubert Reinkens war durch den Utrechter Erzbischof geplant, doch dieser starb am Tag der Bischofswahl. Die Utrechter Kirche hatte zur Sicherstellung der bischöflichen Amtsnachfolge zwei weitere Bischofssitze eingerichtet (s.o.), so dass am 11. August 1872 der Bischof von Deventer, Hermann Heykamp, in Rotterdam die Konsekration vollzog. Durch diese Verbundenheit der Kirchen waren bereits die Weichen für eine enge Kirchengemeinschaft gestellt, die später in der Utrechter Union realisiert wurde. Bischof Reinkens wählte als Bischofswort „Was nicht aus Überzeugung geschieht, ist Sünde" (Röm 14, 23) und spielte damit auf die Unterwerfung der Minoritätsbischöfe unter die vatikanischen Dogmen von 1870 an.

Der dritte Altkatholiken-Kongress tagte vom 12.-15. September 1873 in Konstanz. Hier wurde die von Schulte ausgearbeitete Synodal- und Gemeindeordnung verabschiedet, die die bis heute in ihren Grundzügen geltende bischöflich-synodale Struktur der Kirche festlegt. Die Synode wählt hiernach den Bischof, der geistliches Oberhaupt der Kirche ist. Die Synode selbst ist das oberste Verwaltungsorgan der Kirche. Zwischen den einzelnen Synoden nimmt die Synodalrepräsentanz (später „Synodalvertretung") die exekutiven Aufgaben der Kirche wahr. Am 27. Mai 1874 trat in Bonn die erste altkatholische Bistumssynode zusammen. Sie bestätigte die auf dem Konstanzer Kongress verabschiedete Synodal- und Gemeindeordnung, wodurch diese zu gültigem Kirchenrecht der alt-katholischen Kirche in Deutschland wurde. Zur ersten Synode ging man von einer Mitgliederzahl von etwa 70.000 Alt-Katholiken in Deutschland aus.

Auf den folgenden Synoden wurden die grundlegenden Reformprozesse der alt-katholischen Kirche verhandelt und beschlossen. Dabei orientierte man sich theologisch weiterhin an der Alten Kirche des ersten Jahrtausends. Spätere Entwicklungen der katholischen Kirche wurden teilweise aufgehoben. Besondere Beachtung fand bereits damals die Aufhebung des Beichtzwanges. Diese kirchenrechtliche Bestimmung war erst 1215 erlassen worden. Die rigorose Beichtpraxis in der römisch-katholischen Kirche war häufig Anlass zu Ärgernissen, so dass die liberale Haltung der Alt-Katholiken v.a. im deutschen Südwesten viele Beitritte bewirkte.

Exkurs: So berichtet Bischof Joachim Vobbe in seinem Bischofsbrief zum Buß-sakrament folgende Begebenheit aus Blumberg-Kommingen: Der kleine Alois sollte im Nachbarort getauft werden. Beide Paten hatten vorschriftsgemäß die Osterbeichte verrichtet, konnten aber die erforderlichen Belege, die „Beicht-zettel", nicht beibringen. Daraufhin verweigerte der römisch-katholische Orts-pfarrer die Spendung der Taufe. Die Empörung in der Familie und im Bekan-tenkreis war groß und man wandte sich an den nächsten alt-katholischen Priester in Konstanz, der mit der Kutsche in das Dörfchen auf dem Randen kam. Er wurde begeistert mit Gesang und Böllerschüssen empfangen. Er voll-zog die Taufe im Schulsaal, weil die Kirche zugesperrt war. Diese Begebenheit ließ auf dem Randen eine große alt-katholische Gemeinde entstehen.[23]

Ebenfalls heiß diskutiert wurde die Frage nach der Abschaffung des Zölibats. Es war Adolf Thürlings, der als „Vater der alt-katholischen Liturgiereform" gilt, der auf der fünften Bistumssynode 1878 den Antrag auf Abschaffung des Zöli-batszwangs stellte. Auch diese bis heute in der römisch-katholischen Kirche geltende Kirchenrechtsvorschrift war erst im zweiten christlichen Jahrtausend zur verbindlichen Vorgabe für römisch-katholische Priester erhoben worden. Das erste und zweite Laterankonzil hatten 1123 und 1139 die Einführung des Pflichtzölibats bestätigt. Innerhalb der deutschen alt-katholischen Kirche stieß diese Reform auf energischen Widerstand, aber auch das Verhältnis zur Utrechter Schwesterkirche litt zunächst unter diesem Reformvorstoß. Befürworter der Abschaffung des Pflichtzölibats verwiesen darauf, dass die beiden Kirchenfamilien, die der alt-katholischen Bewegung besonders nahe standen, nämlich die Orthodoxie und der Anglikanismus, kein explizites Eheverbot für einfache Priester kennen.

Exkurs: In der orthodoxen Kirche sind nur die Bischöfe (die in der Regel zugleich Mönche sind) zur Ehelosigkeit verpflichtet, nicht die „einfachen" Priester oder Diakone. Auch verwitwete Priester können zu Bischöfen geweiht werden.
In der anglikanischen Kirche bekämpften die Anhänger der Reformation unter der Führung des Erzbischofs von Canterbury, Thomas Cranmer, die „Sechs Artikel" von Heinrich VIII., in welchen der König katholische Vorstellungen wie die Verpflichtung der Geistlichen zur Ehelosigkeit gefordert hatte. Unter König Edward VI. veröffentlichte Cranmer 1549 das erste „Book of Common Prayer", er entwarf auch das Bekenntnis der anglikanischen Kirche von 1553, welches die Grundlage für die „39 Artikel" von 1563 bildete, die bis heute in den anglikanischen Kirchen in Gebrauch sind. Im 32. Artikel „Of the marriage of priests" wird die Verpflichtung zur Ehelosigkeit aufgehoben.

Prof. Schulte versuchte, einen Kompromiss zwischen den Befürwortern der Zölibatsabschaffung und den erklärten Anhängern einer Aufrechterhaltung zu erreichen, indem er erklärte, dass das Kirchengesetz zwar bestehen bleibe, die alt-katholischen Geistlichen jedoch hiervon befreit würden. In dieser Form stimmten 75 gegen 22 Synodale für die Aufhebung des Zölibatzwanges. Dieser Streit hat jedoch berühmte Vorkämpfer vom Alt-Katholizismus entfremdet, z.B. Prof. Reusch und den erwähnten Pfarrer Tangermann.

Eine wichtige liturgische Erneuerung war die Einführung der Muttersprache in der Gottesdienstfeier. Die Synoden verabschiedeten auch einen ersten alt-katholischen Katechismus sowie ein von Thürlings erarbeitetes Gebet- und Gesangbuch.

Die alt-katholische Sache erfuhr in Deutschland die Unterstützung der Regierung. Das 1871 von Bismarck kreierte Deutsche Reich war an einer Ausrichtung seiner Untertanen auf den protestantischen deutschen Kaiser interessiert, so dass Bismarck in seiner Innenpolitik neben den Sozialdemokraten auch die römischen Katholiken und ihre politische Vertretung durch die Zentrumspartei als „innere Reichsfeinde" ansah, da sie durch ihre Orientierung am Papst nicht als kaisertreu eingeschätzt wurden. Insofern versuchte der Reichskanzler eine katholische Nationalkirche zu fördern, die unabhängig von den ggf. widerläufigen Machtinteressen des Vatikans war. Er unterstützte daher aus politisch-strategischen Motiven die alt-katholische Kirche. Bischof Reinkens wurde bereits zwei Tage nach seiner Weihe vom preußischen König als „Katholischer Bischof der Altkatholiken in Deutschland" anerkannt, woraus sich der amtliche Name des Bistums ableitet.* Etwa ein halbes Jahr nach der Wahl Reinkens zum Bischof verdammte Papst Pius IX. in der Bulle „Etsi multa" diesen Schritt. In Preußen wurde 1875 das „Alt-Katholikengesetz" beschlossen, das die staatliche Anerkennung sowie Nutzungsrechte an Kirchengebäuden usw. bewirkte.

Exkurs: Am so genannten „Kulturkampf" in Deutschland hatte die alt-katholische Kirche nach eigener Darstellung keinen Anteil. Die Reichs-regierung unter Bismarck versuchte hierbei, die Zuständigkeiten von Staat und Kirche neu zu regeln in Fragen der Schule, der Eheschließungen und des Gerichtswesens. Es kam im Zuge dieser Säkularisierungspolitik zu massiven Auseinandersetzungen des Staates mit der römisch-katholischen Kirche, wobei es zu Enteignungen, Schließungen von Klöstern u.a. kam. Die Alt-Katholiken lehnten die Trennung zwischen Staat und Kirche offiziell ab.

Die weitere Entwicklung in Deutschland

Die Darstellung der alt-katholischen Geschichte endet in zahlreichen Veröffentlichungen mit der Schilderung der Gründungsphase. Diese Schwachstelle betraf auch die erste Ausgabe dieses Büchleins. Die „Weitere Entwicklung" (so der Untertitel bei Küry, Die altkatholische Kirche, Kapitel B) wird oft kurz abgehandelt, wobei insbesondere die beschämenden Verirrungen in der Zeit des Nationalsozialismus verharmlost oder relativiert werden. Küry schreibt beispielsweise: „In der Zeit vor dem Ersten Weltkrieg hatten nicht wenige Altkatholiken zur Stützung ihrer kirchlichen Ziele politisch allzu sehr Anlehnung gesucht am national-liberalen Gedankengut und dann später zum Teil wieder am Nationalsozialismus, desssen Dämonie zu spät erkannt wurde. Doch waren das vorübergehende Irrungen".[24]

Erst mit Beginn des neuen Jahrtausends gab es eine breitere Bereitschaft zur Auseinandersetzung mit der historischen Schuld der deutschen Kirche. Auf der Bistumssynode 2000 wurde im Beisein des jüdischen Rabbiners Dr. Walter Homolka ein Schuldbekenntnis der deutschen alt-katholischen Kirche verabschiedet. Der damalige Bischof Joachim Vobbe fand deutliche Worte über die Verstrickung in die Gräueltaten der Nazis: „Es gab eben nicht nur die Schuld dieses oder jenes Christen, dieses oder jenes Alt-Katholiken, die ganz persönliche

---

* Eine umfassende wissenschaftliche Untersuchung zur juristischen Stellung des Alt-Katholizismus in Deutschland hat Volker Ochsenfahrt in seiner 2007 vorgelegten Dissertation geleistet: „Die staatskirchenrechtliche Stellung des Katholischen Bistums der Alt-Katholiken in Deutschland", Peter Lang Verlag, 2007

Schuld beim Mitlaufen, Mitmachen und im Einzelfall vielleicht sogar beim Tö-
ten… Es gab und gibt auch die Schuld der Institution und ihrer *offiziellen* Vertreter in *offizieller* Mission! Es wurde von Pfarrern und synodalen Gremien hier
und da der Anbruch der neuen Zeit bejubelt! Es wurde die öffentliche Stellung
einiger missbraucht zu Lobeshymnen auf den Führer und zu unterwürfigen Stel-
lungnahmen und Grußadressen! Es wurden amtliche Interna missbraucht zu
Auskünften über missliebige Personen: Juden, politisch Verdächtige, Homose-
xuelle!"[25]

Exkurs: *Bereits in den 80er Jahren wurde die Schuldverstrickung des deutschen
Alt-Katholizismus in den Nazi-Terror thematisiert.* * *Eine erste umfassende
wissenschaftliche Untersuchung gelang dann durch die Doktorarbeit des
heutigen Bischofs Matthias Ring aus dem Jahr 2006: „Die alt-katholische
Kirche Deutschlands und der Nationalsozialismus", veröffentlicht 2008 unter
dem Titel „Katholisch und deutsch". Im Abschlussresümee heißt es: „Bei
alledem ist schließlich die Realität des deutschen Alt-Katholizismus zu
berücksichtigen: Er war eine kleine, schrumpfende Minderheit*** , *hin- und
hergerissen zwischen Mutlosigkeit und Selbstüberschätzung. Er träumte davon,
groß und wieder zu einer Bewegung zu werden und den römischen
Katholizismus zu überwinden. In der Verbindung von Antiultramontanismus,
unpolitischem Katholizismus und Nationalkirchen-ekklesiologie und getrieben
von ekklesialem Egoismus ergab sich im Dritten Reich eine brisante Mischung.
Geradezu fixiert auf die Frage, wie für die eigene Kirche neue Mitglieder
gewonnen werden könnten, wurde der kritische Blick auf die politische und
kirchenpolitische Lage in Deutschland verstellt. … Nur wenigen war es
gegeben, den Erfolg nicht zum eigentlichen Maßstab zu machen."* [26]

Die Nachkriegsgeschichte der deutschen Kirche ist bislang noch nicht systema-
tisch untersucht und publiziert worden. Hierbei ist sicherlich insbesondere die
Wirkung des Zweiten Vatikanischen Konzils auf das Selbstverständnis des Alt-
Katholizismus von Interesse. Im Vorwort zum Abschlussbericht „Kirche und
Kirchengemeinschaft" der Internationalen Römisch-katholisch/Alt-katholischen
Dialogkommission von 2009 heißt es entsprechend über das Zweite Vatikanum:
„Während der Vorbereitungen spielte der niederländische Theologe und spätere
Kardinal Willebrands eine wichtige Rolle. Er war es auch, der den
altkatholischen Erzbischof von Utrecht besuchte, um altkatholische Beobachter
zum Konzil einzuladen. Dies führte dazu, dass seit 1966 in verschiedenen
nationalen bilateralen Gesprächskommissionen und dann auf koordinierter

---

* so etwa die theologische Abschlussarbeit von Annegret Jahn aus dem Jahr 1986
** Küry gibt als geschätzte Mitgliederstärke der deutschen alt-katholischen Kirche zum
Zeitpunkt der ersten Synode 1874 etwa 70.000 an (Küry, Altkatholische Kirche, S. 78);
bis 1930 war die Anhängerschaft auf unter 20.000 gesunken (Ring, Katholisch und
deutsch, S. 797).

internationaler Ebene (1972/73) ein offizieller Dialog geführt wurde, der primär eine Vereinbarung über pastorale Hilfen zum Ziel haben sollte. Dieses Ziel wurde aus verschiedenen Gründen nicht erreicht. Der Dialog brachte dennoch eine Reihe von gemeinsamen Einsichten darüber, was die beiden Kirchen nach wie vor verband. Diese konnten als Ausgangspunkt für eine weitere Phase des Dialogs dienen."

Exkurs: Trotz ihrer eindeutigen ökumenischen Ausrichtung tat sich die alt-katholische Kirche in ihrer Beziehung zur römisch-katholischen „Mutterkirche" stets schwer. Da der Alt-Katholizismus nach dem Ersten Vatikanum in bewusster Opposition zur Papstkirche stand, war die Anfangsphase von starker Polemik geprägt. Auch später blieb die inner-katholische Beziehung von altkatholischer Seite weiterhin schwierig, weil neben inhaltlich-theologischen Differenzen aufgrund biografischer Verflechtungen zahlreicher alt-katholischer Geistlicher und Laien mit der römisch-katholischen Kirche auch starke emotionale Belastungen bestanden.

Im Reformationsland Deutschland ist in diesem Zusammenhang auch ein intensiver Kontakt der alt-katholischen Ortskirche mit der Evangelischen Kirche Deutschlands (EKD) erwähnenswert. Dieser Dialog führte 1985 sogar zu einer offiziellen gegenseitigen Einladung zum Abendmahl. Unter Hervorhebung derjenigen Glaubensfragen, in denen keine trennenden Lehrmeinungen bestehen, sprechen beiden Kirchen eine gegenseitige Einladung zur Teilnahme an der Eucharistie aus. In diesem Punkt zeigt sich bereits das Konfliktpotenzial mit anderen Kirchen der Utrechter Union, das 10 Jahre später in der deutschen Entscheidung für die Frauenordination vollends aufbricht: wie kann man die Gemeinschaft bewahren, wenn einzelne Kirchen Entscheidungen treffen, die andere nicht mitvollziehen können? (Die Internetseite des deutschen Bistums spricht demgemäß von einem „Beispiel für *lokale* Gespräche mit reformatorischen Kirchen, für ihre Ergebnisse und ihre Schwierigkeiten".)*

Exkurs: In seiner Schrift „Katholisch – ein altes Wort neu gesehen" (ursprünglich ein Festvortrag anlässlich des 125. Jubiläums der Gemeindegründung in Kempten im Allgäu) geht Altbischof Joachim Vobbe ausführlich auf die Bedenken gegenüber solch einer ökumenischen Gastfreundschaft ein, ohne explizit die Kritiker dieser deutschen altkatholisch-evangelischen Zusammenarbeit etwa innerhalb der Utrechter Union zu nennen: „Es hat in allen Kirchen, auch in den Kirchen der Reformation, immer wahrhaft katholische Menschen gegeben, die ihr Christsein aus der Verbindlichkeit von

---

* Unter dem Titel „Hände-Reichung" hat die Dialogkommission der Vereinigten Evangelisch-Lutherischen Kirche Deutschlands (VELKD) und der Alt-Katholischen Kirche in Deutschland (AKD) im Jahr 2012 eine Arbeitshilfe für die alt-katholisch/evangelische Ökumene vorgelegt.

Bibel, dem gemeinsamen Bekenntnis und der Fülle des sakramentalen Lebens entfaltet haben. ,Katholisch' ist im eigentlichen Sinne kein konfessionell eingrenzendes Wort... Oft werden wir Alt-Katholiken gefragt, wie wir ,als Katholiken' es mit unserem Selbstverständnis hätten vereinbaren können, mit den evangelischen Kirchen in Deutschland im Jahre 1985 gegenseitige Gastfreundschaft bei der Eucharistie zu beschließen. Eben diese Vereinbarung ist aber gerade kein Akt gegen *unsere Katholizität; sie geschah vielmehr* wegen *unserer Katholizität. Unsere Bezogenheit auf das* Ganze *der Kirche, auf die* Gesamtheit *der Getauften verpflichtet uns zu solcher Weite.* "[27]

Eine weitere, zunächst rein äußerliche Veränderung der deutschen Kirche, deren mögliche Auswirkung auf die innere Mentalität erst zukünftig beurteilt werden kann, ist die alt-katholische Nutzung der Bonner Namen-Jesu-Kirche als Bischofskirche.

Exkurs: *Sitz des alt-katholischen Bischofs ist seit der Bistumsgründung Bonn. Allerdings gab es im Gegensatz zur niederländischen oder zur Schweizer alt-katholischen bzw. christ-katholischen Kirche nie eine Bischofskirche. 2008 hat die Staatskanzlei Nordrhein-Westfalen mit dem alt-katholischen Bistum Verhandlung über die Nutzung der Namen-Jesu-Kirche in Bonn aufgenommen. Die Namen-Jesu-Kirche wurde vor etwa 300 Jahren für die Bonner Jesuiten errichtet. Die Architektur zeigt neben gothischen Stil-Elementen auch deutlich barocke Formen. Bereits zwischen 1877 und 1934 wurde sie von der Bonner Gemeinde als Pfarrkirche genutzt. Danach diente sie als römisch-katholische Universitätskirche, wo z.B. auch der damalige Theologieprofessor Josef Ratzinger (später Benedikt XVI.) predigte. Am 2. Juni 2012 wurde die renovierte Kirche offiziell als Kathedralkirche des deutschen Bistums eröffnet.*

Altbischof Joachim Vobbe erklärte im Sommer 2009 aus gesundheitlichen Gründen seinen Rücktritt; daraufhin wählte die außerordentliche Bistumssynode im November 2009 den bisherigen Pfarrer der Gemeinden Regensburg und Passau, Dr. Matthias Ring, zu seinem Nachfolger. Er war bistumsweit vielen Alt-Katholikinnen und -Katholiken als Chefredakteur der deutschen Kirchenzeitung *Christen heute* bekannt. Am 20. März 2010 wurde er in Karlsruhe zum zehnten Bischof der deutschen alt-katholischen Kirche geweiht. Sein Wahlspruch lautet: „Gott hat uns nicht einen Geist der Verzagtheit gegeben, sondern den Geist der Kraft, der Liebe und der Besonnenheit." (2 Tim 1,7)

Die im Vorwort erwähnte Transparenz etwa bezüglich der Mitgliederzahlen führte zu exakten Angaben. So wurde auf der Internetseite des Bistums im April 2013 folgende Pressemitteilung veröffentlicht: „Die Auswertung der Seelsorgeberichte ergab zum Jahresende 2012 eine Mitgliederzahl von 15.594 Personen. 291 Personen sind bei-, 79 ausgetreten."[28]

Die christkatholische Kirche der Schweiz

Urs Küry unterscheidet in seiner Darstellung der Entstehung der christkatholischen Kirche zwischen dem politischen und dem kirchlichen Kampf gegen die Beschlüsse des ersten vatikanischen Konzils.

Der politische Kampf

Schon während des Konzils tagte in Langenthal eine Versammlung freisinniger Männer, die eine Eingabe an den Bundesrat der Schweiz (entspricht der Regierung) adressierte, in der vor den politisch-gesellschaftlichen Konsequenzen der vatikanischen Dogmen für die Schweizer Bevölkerung gewarnt wurde. Als diese tatsächlich in Rom verkündet wurden, forderte Wilhelm Vigier vom zuständigen Basler Bischof Eugen Lachat, dass dieser die Veröffentlichung der Dogmen unterlassen solle. Vigier war Landammann (Präsident der Kantonsregierung von Solothurn) und zugleich Präsident der Diözesankonferenz des Bistums Basel; in diesem staatlichen Gremium saßen Vertreter der Kantone (damals mit mehrheitlich liberalen Regierungen), aus denen das Bistum Basel bestand. Die Diözesankonferenz hatte auf Grund eines Konkordats bestimmte Rechte bei der Wahl des Bischofs von Basel, der seit 1828 in Solothurn residierte. Als Bischof Lachat entgegen dieser Aufforderung in einem Hirtenbrief Anfang 1871 die neuen Lehren als glaubensverpflichtend herausstellte, löste dies heftige Unzufriedenheit und Empörung in weiten Kreisen der Diözese aus. Einige Pfarrer verlasen von ihren Kanzeln öffentliche Protestnoten gegen die neuen Dogmen. Der Luzerner Pfarrer Johann Baptist Egli wurde daraufhin seines Amtes enthoben. Dies fachte den Widerstand gegen die vatikanischen Beschlüsse weiter an, es gründeten sich freisinnige Katholikenvereine überwiegend in der deutschsprachigen Schweiz, die zahlreiche Protestversammlungen abhielten. Am 18. September 1871 (wenige Tage vor dem Münchener Katholikenkongress) trafen sich Delegierte der freisinnigen Katholikenvereine in Solothurn zu einem Katholikenkongress. Dort wurde die Bildung eines landesweiten „Schweizerischen Vereins freisinniger Katholiken" mit einem „Zentralkomitee" beschlossen. Man argumentierte auf dieser Versammlung hauptsächlich politisch gegen die Papstdogmen und versuchte, die vatikanischen Ansprüche an die katholischen Eidgenossen durch die anstehende Revision der Bundesverfassung einzudämmen.

Kirchliche Konsequenzen wurden hingegen kaum gefordert, lediglich der suspendierte ehemalige Luzerner Pfarrer Egli setzte sich für die Gründung eigener Gemeinden ein. Auch an der Luzerner Theologischen Fakultät leistete Eduard Herzog aus theologischer Sicht Widerstand gegen die neuen Papstdogmen. Ein von Herzog und anderen initiierte Wochenblatt hieß „Katholische Stimme aus den Waldstätten" (April bis Dezember 1870). Sie erschien vor dem Konflikt mit Lachat betreffs Publikation der Konzilsbeschlüsse in einem Hirtenbrief. Herzog hatte vor seinem Weggang nach Deutschland keine Vorstellungen eigener alt-katholischer Gemeinden in der Schweiz entwickelt. Er sympathisierte mit der Entwicklung in Deutschland, wo bereits selbstständige Gemeinden entstanden waren, die dringend geeignete Seelsorger suchten. Herzog zog nach Krefeld, wo er die alt-katholische Pfarrstelle übernahm. Vom Kölner Altkatholikenkongress 1872 schickte er seine Demission an seinen bisherigen Bischof Lachat, der für Solothurn zuständig war.

Dieser wandte sich nach Herzogs Weggang verstärkt gegen die oppositionellen Geistlichen seiner Diözese. So suspendierte er jetzt auch den Pfarrer von Starr-kirch-Dulliken, Paulin Gschwind, der bereits zuvor öffentlich wiederholt gegen das Unfehlbarkeits- und oberste Jurisdiktionsdogma protestiert hatte. Gschwind appellierte an die Kantonalregierung von Solothurn, die seine Absetzung für ungesetzlich deklarierte. Als der Bischof sich der staatlichen Entscheidung nicht beugte, wurde er durch die Diözesankonferenz bzw. die in ihr vertretenen Kantone suspendiert.

Im Kanton Bern (der zur Solothurner Diözese gehörte) akzeptierten die römisch-katholischen Geistlichen die Absetzung ihres Bischofs jedoch nicht und setzen den Verkehr mit ihm fort. Die Berner Kantonalregierung setzte daraufhin auch die betreffenden Pfarrer ab, z.T. wurden sie des Landes verwiesen. Am 18. Januar 1874 wurde im Kanton Bern ein Gesetz verabschiedet, das die Wahl der Pfarrer durch das Volk vorschrieb. Die römisch-katholische Kirche untersagte ihren Mitgliedern die Ausübung dieses Mitbestimmungsrechtes; sie beteiligten sich daher nicht an den entsprechenden Pfarrerwahlen, mit der Folge, dass fast ausschließlich die freisinnigen Katholi-ken an den Abstimmungen teilnahmen und liberale Geistliche – in der Regel aus Frankreich – wählten, die als „Staatspastoren" verspottet wurden. Ihre Vor-stellungen entsprachen allerdings eher politischen liberalen Ideen und nicht alt-katholischen kirchlichen bzw. theologischen Inhalten. Als der Vatikan den Schweizer Katholiken die Teilnahme an den Pfarrerwahlen schließlich doch erlaubte, setzte sich die pro-vatikanische Mehrheit durch und wählte römisch-katholische Pfarrer. Dies beendete die künstliche Situation der freisinnigen ka-tholischen Kirchengemeinden, die nicht dem tatsächlichen Mehrheitswillen vor Ort entsprachen. Nur in wenigen Ausnahmen hatte sich in den politischen Gebilden der freisinnigkatholischen Gemeinden eine innere alt-katholische Gesinnung herausgebildet, so dass aus ihnen christkatholische Kirchen-gemeinden hervorgingen. An der christkatholischen Synode von 1875 (auf der Eduard Herzog zum Bischof gewählt wurde) nahmen noch 55 Gemeinden teil, von denen aber 43 so genannte „Kulturkampfgemeinden" aus den Kantonen Bern und Genf waren; im Kanton Bern blieben langfristig nur vier christkatho-lische Gemeinden übrig: Bern, Biel, St. Immer und Laufen.

Der „politische Kampf" gegen die vatikanischen Dogmen verlief in den Kantonen Bern und Genf besonders dramatisch. Beim Kanton Bern geht es vor allem um den katholischen Berner Jura, der nach der Zerschlagung des noch übriggebliebenen Hochstifts Basel 1815 zum ansonsten reformierten Kanton Bern kam; aber aufs Ganze war es jedoch ein flüchtiges Geschehen. Etwa die Hälfte der Schweizer Christkatholiken lebt aus geschichtlichen Gründen in den ländlichen Gebieten im Kanton Solothurn und im aargauischen Fricktal. Hier wirkte in der Zeit der Auseinandersetzung um die Dogmen von 1870 der freisinnige Landammann Augustin Keller, der ein engagierter Kulturkämpfer und eine Führungspersönlichkeit der entstehenden christkatholischen Kirche war. In den deutschschweizerischen Gebieten verlief der politische Kampf wegen ausbleibender direkter staatlicher Eingriffe weniger dramatisch als in den eigentlichen Kulturkampfkantonen Bern und Genf. In den größeren Städten Zürich, Basel, Bern, Luzern, Schaffhausen und St. Gallen existieren noch heute christkatholische Gemeinden. In jenen Kantonen, die Kirchen öffentlich-rechtlich anerkennen, hat die christkatholische Kirche neben der römisch-katholischen und der reformierten Kirche die Stellung einer Landeskirche.

Im Kanton Genf hatte der Papst entgegen den staatlichen Gesetzen den Pfarrer Gaspard Mermillod zum apostolischen Vikar mit bischöflichen Rechten ernannt. Der Schweizer Bundesrat verwies auf Antrag des Kantons Genf Mermillod des Landes und verabschiedete ebenfalls ein Pfarrwahlgesetz, das den freisinnigen Katholiken durch den Boykott der römisch-katholischen Mehrheit die Möglichkeit gab, liberale Gesinnungsgenossen als Pfarrer einzusetzen. Auch hier brach diese künstliche Bewegung zusammen, als später die ultramontan gesinnten Katholiken an den Wahlen teilnahmen. Eine innere Verfestigung altkatholischen Glaubensgutes bildete sich auch hier nur in wenigen Gemeinden heraus, wo freisinnige Gemeinden altkatholisch eingestellte Pfarrer wählten und in der Folge christkatholisch wurden: in Genf und in Lancy. Im französischsprachigen Genf wirkten in der Folgezeit einige berühmte altkatholische Geistliche, u.a. Père Charles Hyacinthe Loyson, der später die Pariser alt-katholische Gemeinde gründete („Eglise gallicane"; siehe dort).

Der kirchliche Kampf
Die Absetzung von Pfarrer Gschwind durch Bischof Lachat gab auch auf kirchlicher Ebene den Impuls zum Widerstand gegen die papstkatholischen Ansprüche. Der Juraprofessor Walter Munzinger an der Berner Universität setzte sich daraufhin mit Gesinnungsfreunden in seiner Heimatstadt Olten in Verbindung, um sie für die Idee eigener altkatholischer Gemeindegründungen zu gewinnen. Er veranlasste, dass das bislang untätige Zentralkomitee des Schweizerischen Vereins freisinniger Katholiken am 1. Dezember 1872 eine Versammlung nach Olten einberief. Als einer der Hauptredner wurde der Bres-

lauer Theologieprofessor Josef Hubert Reinkens aus Deutschland eingeladen, wo nach dem Kölner Alt-Katholikenkongress die Organisation eines eigenständigen Bistums schon weiter gediehen war als beim eidgenössischen Nachbarn. Auf dem „Oltener Tag" wurde auf Antrag Munzingers auch für die Schweiz der Beschluss zur Gründung eigener Gemeinden getroffen. Reinkens, der spätere deutsche Bischof, gab der von etwa 2.000 Katholiken besuchten Versammlung die „religiöse Direktive".

In der Folge entstanden in den größeren Städten zahlreiche altkatholische Gemeinden, die sich in der Schweiz aus Abgrenzung zu den papstkatholischen Gemeinden unter Anspielung auf den eigentlichen Herrn und Mittelpunkt der Kirche „christkatholisch" nannten, in den Kantonen Aargau und Solothurn entstanden auch auf dem Land zahlreiche christkatholische Gemeinden, so etwa an der Wirkungsstätte des erwähnten Pfarrers Paulin Gschwind, in Starrkirch-Dulliken.

Gemeindeübergreifende Einrichtungen waren die „Katholischen Blätter" (später „Katholik"), die Prof. Peter Dietschi in Olten herausgab, woraus später die christkatholische Kirchenzeitung hervorging. Prof. Munzinger konnte 1874 die Errichtung einer katholisch-theologischen Fakultät an der Berner Universität bewirken, die nach dem Zweiten Weltkrieg auch offiziell den Namen „christkatholisch-theologische Fakultät" trug.

Exkurs: Im Jahre 2001, zwei Jahre nach den Feiern zum 125-jährigen Bestehen, fusionierte sie auf Druck der Berner Kantonalregierung mit der evangelisch-theologischen Fakultät zur jetzt „Christkatholischen und Evangelischen Theologischen Fakultät (CETheol)". Zuvor war sie die weltweit einzige Fakultät für altkatholische Theologie und besaß damit internationale Ausstrahlung; Prof. Dr. Urs von Arx stellte im Dezember 1999 anlässlich des 125-jährigen Bestehens fest: „von den bisher über 400 Absolventen stammte etwa die Hälfte aus dem Ausland, nämlich um die 100 aus anderen altkatholischen Kirchen (vor allem Deutschland, Holland, Österreich, Polen), weitere 100 aus osteuropäischen orthodoxen Kirchen und 9 aus der Kirche von England und der Episkopalkirche der USA."[29]

Die erste Synode der christkatholischen Kirche fand am 14. Juni 1875 in Olten statt. Hierbei wurde die Kirchenverfassung verabschiedet und in Kraft gesetzt. Nach dem Urteil Urs Kürys unterscheidet sich das eidgenössische Kirchenprinzip von den Grundsätzen der deutschen Kirche, wie sie zwei Jahre zuvor auf dem Konstanzer Alt-Katholikenkongress verabschiedet worden waren, darin, „dass die deutsche Verfassung mehr von oben nach unten, die schweizerische mehr von unten nach oben aufgebaut ist."[30]

Damit solle sich die Kirche vor Ort in den Gemeinden verkörpern, während die übergreifenden Institutionen Nationalsynode und Bischof als deren Verbindungsglied fungieren. Die Nationalsynode ist das oberste legislative Organ der Kirche, wie in Deutschland ist der Synodalrat die exekutive Kirchenbehörde. Der Bischof übt die Lehr- und Weihegewalt aus. Die erste christkatholische Synode in Olten wählte den dortigen Ortspfarrer Eduard Herzog zum ersten christkatholischen Bischof. Herzog war mittlerweile aus Krefeld zurückgekehrt und bereits im Frühjahr 1873 zum Oltener Pfarrer gewählt worden.

Urs Küry würdigt Herzog als einen besonnenen Mann, der die anfängliche antipapale aggressive Stimmung umwandeln konnte in eine substantielle geistige und katholische Religiosität. Zugleich wirkte er als Professor für Neues Testament an der neu entstandenen katholisch-theologischen Fakultät in Bern. In der Schweizer Hauptstadt befindet sich auch der Sitz des christkatholischen Bischofs. Herzog wirkte fast ein halbes Jahrhundert als erster Bischof und hat durch sein persönliches Beispiel den Glauben und die Frömmigkeit der christkatholischen Kirche geprägt. Eduard Herzog wurde am 18. September 1876 in Rheinfelden von seinem deutschen Amtsbruder Reinkens geweiht.

Die weitere Entwicklung in der Schweiz
Die ökumenische und bischöflich-synodale Ausrichtung des Alt-Katholizismus hat insgesamt eine „Kultur der Kommunikation" geprägt, so etwa im geschwisterlichen Dialog mit anderen Konfessionen. Die Spannungen, die sich Mitte der 90er Jahre durch den Alleingang der deutschen Kirche in der Praxis der Frauenordination ergaben, veranlassten den damaligen Schweizer Bischof Hans Gerny zu nachhaltigem Eintreten für eine synodale Streitkultur in den bischöflich-synodal verfassten Mitgliedskirchen der Utrechter Union. Die Berner Fakultät hat bis heute immer wieder entscheidende theologische Impulse für den gesamten Alt-Katholizismus gegeben.

Zunächst ist Herwig Aldenhoven zu nennen. Als Lehrer für systematische Theologie und Liturgiewissenschaft an der Berner Fakultät sind ihm entscheidende Weichenstellungen für die Liturgiereform der Schweizer Kirche zu verdanken. Urs von Arx betont in einem Nachruf des 2002 verstorbenen Theologen: „Die neuere liturgische Reform der altkatholischen Kirchen verdankt Herwig Aldenhoven sowohl auf schweizerischer wie auf europäischer Ebene grundlegende Einsichten in die Struktur der eucharistischen Handlung der Kirche und mögliche Konsequenzen für eine spirituelle Heranführung der Menschen an sakramentales Geschehen."[31]

Zwar fügt von Arx an dieser Stelle ein, dass „die Zahl seiner wissenschaftlichen Veröffentlichungen bedauerlicherweise relativ gering blieb"[31], aber in einigen wegweisenden Publikationen skizziert Aldenhoven die Weiterentwicklung der christkatholischen Liturgie im auslaufenden 20. Jahrhundert. Die Ausgangslage sei eine liturgische Akzentuierung aus der Entstehungszeit des Christkatholizismus im Sinne einer bewussten Abgrenzung von der der römisch-katholischen Messfeier gewesen: „Dabei entfernte sich die schweizerische christkatholische Liturgie stärker als andere altkatholische Liturgien von der Tradition des römischen Ritus. ... Inhaltlich waren alle Darbringungsausssagen beseitigt worden, dafür wurde sehr stark betont, dass es um die Feier des Opfers Christi ging."[32] Seine Kritik an der bisherigen christkatholischen Eucharistie-Haltung lautet: „Dadurch erhielt dieser [Text des Kanons] einen stark betrachtenden Charakter. Der Aspekt der Handlung – *actio* – war im Vergleich zum römischen Kanon nicht nur in der Interpretation, sondern auch in der Textgestalt stark zurückgetreten."[33]

Zusammenfassend beurteilt er die Überarbeitung der christkatholischen Liturgie im auslaufenden 20. Jahrhundert wie folgt: „Die revidierte Liturgie der schweizerischen christkatholischen Kirche gebraucht eine gehobene Sprache, die den Bezug zur Tradition spüren lässt, doch wurde gleichzeitig auf das heutige Sprachgefühl Rücksicht genommen. Dies ist natürlich ein schwieriges Unternehmen, das einer Gratwanderung gleicht und im einzelnen nie einheitlich beurteilt werden wird. Der Gesamteindruck ist aber jedenfalls sakraler als in der römisch-katholischen Liturgie..."[34]

Der langjährige Lehrstuhlinhaber für neutestamentliche Homiletik stellt eine weitere Persönlichkeit der christkatholischen Kirche des 20. Jahrhunderts dar: „Es wird nicht übertrieben sein zu sagen, dass Kurt Stalder[*] in den Siebziger- und Achtzigerjahren, zumal in der Schweizer Ökumene, *der* christkatholische Repräsentant war und als solcher seine Kirche bekannt machte", urteilt Urs von Arx.[35] Besonders erwähnenswert ist in diesem Zusammenhang die „Christkatholisch / Römisch-katholische Gesprächskommission (CRGK)", die Stalder zusammen mit dem römisch-katholischen Berner Pfarrer und zeitweiligen Dekan Walter Stähelin von 1969 - 1993 geleitet hatte. Urs von Arx weist auf eine weitere wichtige Reform im Leben der christkatholischen Kirche hin, zu der Stalder aufgrund seines umfassenden theologischen Wissens beigetragen hat: „Im Zuge der theologischen Reflexion über das Geschehen von Kirche ist er auch auf ein Gebiet geführt worden, das nicht zu seinem Lehrauftrag an der Fakultät gehörte: das Recht in der Kirche. Er vermochte das Recht nicht als Gegensatz zur Liebe sehen, sondern als etwas für das Gelingen von Gemeinschaft Grundlegendes."[36]

In diesem Sinne wirkte Stalder auch bei der Totalrevision der christkatholischen Verfassung mit, die durch die Nationalsynode 1989 in Trimbach beschlossen

---

[*] Im Vorfeld des 100. Geburtstages des bedeutenden christkatholischen Theologen und Ökumenikers hat Andreas Krebs 2011 das Buch „Erlösung zur Freiheit" über das Denken Stalders veröffentlicht. (Lit Verlag, Münster, 2011).

wurde. In einem Kommentar zu jener Verfassungsreform schreibt Pfr. Hansjörg Vogt 1990: „Ein wesentlicher Mangel der ersten Verfassung der Christkatholischen Kirche der Schweiz von 1875 bestand darin, dass sie keinerlei Aussagen über die ekklesiologischen Konzepte machte, auf Grund derer die Verfassung entstanden ist und von denen her sie auszulegen und zu verstehen wäre. Bei den Überlegungen zu diesem Fragenkomplex, die schon etliche Jahre vor dem formellen Auftrag zur Verfassungsrevision von 1977 begannen, wurde man sich indessen bewusst, dass die eigentlichen rechtlichen Bestimmungen das gar nicht leisten können. Diese Schwierigkeit konnte überwunden werden, indem die theologischen Grundlagen in der Präambel niedergelegt werden." Kurt Stalder übernimmt in diesem Kommentar eine ausführliche Betrachtung über die unterschiedlichen Beauftragungen in der Kirche: „Ämter – Terminologie und Einteilungen".[37]

In diesem Kommentar zur Verfassungsneuordnung von 1989 wird in der Frage der Zulassung von Frauen schon ausdrücklich betont: „In Bezug auf die sprachliche Formulierung ist zu beachten, dass überall, wo in Personen- oder Amtsbezeichnungen die männliche Form verwendet wird, Frauen und Männer gemeint sind. Das gilt auch für Diakon, Priester und Bischof; die Verfassung verunmöglicht also die Priesterweihe der Frau nicht."[36] Im Jahr 1999 beschloss die christkatholische Nationalsynode die Einführung der Frauenordination. Im folgenden Jahr wurde Denise Wyss vom Utrechter Erzbischof Antonius Jan Glazemaker in Vertretung des erkrankten Ortsbischofs Hans Gerny zur Priesterin geweiht. Gerny trat überraschend im Jahr 2001 vom Bischofsamt zurück, übernahm aber beim Alt-Katholikenkongress 2002 in Prag eines der Hauptreferate zur alt-katholischen Herausforderung im neuen Jahrtausend.

Sein Nachfolger Fritz-René Müller leitete die christkatholische Kirche bis zum kirchenrechtlich festgelegten Rücktrittsalter von 70 Jahren. Daraufhin wählte die Nationalsynode den gebürtigen Deutschen Dr. Harald Rein zum siebten Bischof der christkatholischen Kirche. Auch in der Schweiz zeigt sich ein transparenter Umgang mit den Mitgliederzahlen. Während es aufgrund der demografischen Entwicklung bis in die 1990er Jahre einen markanten Rückgang von etwa 20.000 auf nur noch 11.000 Mitglieder gegeben hat, ist es durch Übertritte aus anderen Konfessionen seither zu einem Zuwachs auf etwa 13.000 ChristkatholikInnen gekommen, die heute in 35 Gemeinden betreut werden.

Bischof Rein nennt neben seiner ökumenischen Arbeit auch sein weiteres Bemühen um ein Wachstum der christkatholischen Kirche als wichtiges Anliegen; in einem Interview mit der Schweizer Radioanstalt DRS 2009 betont er aber, dass es ihm weniger um Übertritte aus anderen Kirchen gehe („Proselytismus"), sondern um spirituelle Angebote an kirchenferne Menschen. Die Bischofskirche der christkatholischen Kirche ist St. Peter und Paul in Bern.

Die Gründung und Geschichte der Utrechter Union

Durch die gegenseitige Einbindung der Bischöfe in die apostolische Sukzession bestand bereits seit 1876 eine enge Verbindung zwischen der Utrechter Kirche, der alt-katholischen Kirche in Deutschland und der christkatholischen Kirche der Schweiz. Obwohl auch in der niederländischen Kirche die Frage nach kirchlichen und liturgischen Reformen ab 1853 eine Rolle spielte, hegte sie noch immer Hoffnung auf eine mögliche Versöhnung mit Rom in den Streitfragen um die historischen Rechte der Utrechter Kirche, um das Formular Alexanders VII. und um die Bulle *Unigenitus*. Sie wollte deswegen keine Massnahmen durchführen, die diese Hoffnung gefährden könnten und betrachtete die Reformen der altkatholischen Schwesterkirchen in Deutschland und in der Schweiz mit Sorgen. Insbesondere die Abschaffung des Zölibats ließ die Niederländer am katholischen Charakter der altkatholischen Bewegung zweifeln. Verstärkt wurden diese Vorbehalte durch die Unionsverhandlungen der deutschen und Schweizer Alt-Katholiken mit den Orthodoxen und mit den Anglikanern, da die Utrechter Kirche die Gültigkeit der anglikanischen Weihen und somit die „Katholizität" der anglikanischen Kirchengemeinschaft anzweifelte. Die entscheidenden Veränderungen innerhalb der Utrechter Kirche im 19. Jahrhundert sind vom heutigen Harlemer Bischof Dirk Schoon untersucht und unter dem Titel „Van bisschoppelijke Cleresie tot oud-katholieke Kerk" (Von der bischöflichen Kleresei zur alt-katholischen Kirche) veröffentlicht worden.[38]

Im Nachhinein spricht die alt-katholische Kirche der Niederlande von einem Geschenk, das sie durch die Verknüpfung mit der alt-katholischen Bewegung des 19. Jahrhunderts erhalten habe. Beim 125jährigen Bistumsjubiläum der deutschen Kirche 1998 in Köln sagte der damalige Utrechter Erzbischof Antonius Jan Glazemaker: „Die holländische Kirche hat damals nicht nur etwas gegeben, sie hat auch empfangen: Neue Gemeinschaft über die Grenzen hinaus, internationale Kontakte, Einbeziehung in Unionsgespräche, Mut zu reformieren, die anglikanischen Weihen anzuerkennen."[39]

Die Vorbehalte der Utrechter gegen den Reformeifer der beiden Schwesterkirchen verzögerten zunächst eine institutionelle Gemeinschaft der drei Kirchen. Erst gegen Ende der 1880er Jahre wuchs gegenseitig der Wunsch nach einer engeren Verbindung dieser Kirchen. Im September 1889 trafen sich die drei niederländischen Bischöfe mit ihren Amtsbrüdern aus Bonn und Bern in Utrecht. Der damalige Erzbischof von Utrecht war Johannes Heykamp, ein Neffe von Hermann Heykamp, dem Bischof von Deventer, der 1873 den deutschen Bischof Renkens geweiht hatte. Ferner nahmen auf niederländischer Seite der Bischof von Haarlem, Casparus Johannes Rinkel, und der Bischof von Deventer, Cornelius Diependaal teil, außerdem waren der deutsche Bischof Josef Hubert Reinkens und der Schweizer Bischof Eduard Herzog dabei. Während dieses Treffens stellten die fünf Bischöfe ausdrücklich fest, dass die von ihnen repräsentierten und geleiteten Kirchen in voller kirchlicher Gemeinschaft miteinander stünden. Sie verabschiedeten eine gemeinsame Erklärung an die katholische Kirche, in der sie ihre ekklesiologischen Grundsätze zusammenfassten, die sog. „Utrechter Konvention". Sie umfasst drei Teile:

* die „(Utrechter) Vereinbarung" zur Aufrechterhaltung der vollen kirchlichen Gemeinschaft nach innen und außen. Das gemeinsame, oberste Organ dieser Gemeinschaft ist die Internationale Bischofskonferenz (IBK).
* das „Reglement" als Geschäftsordnung der Bischofskonferenz, in dem u.a. geregelt ist, dass der Utrechter Erzbischof den Ehrenvorsitz der IBK innehat und ihre Sitzungen leitet.
* die „(Utrechter) Erklärung", in der die an der Alten Kirche orientierten kirchlichen Grundsätze dargelegt werden. An ihrem Beginn steht das berühmte Zitat des gallischen Theologen Vinzenz von Lerin aus dem 5. Jahrhundert, das zum Aushängeschild des katholischen Selbstverständnisses altkatholischer Kirchen wurde: „Id teneamus, quod ubique, quod semper, quod ab omnibus creditum est; hoc est etenim vere proprieque catholicum." („Lasst uns das festhalten, was überall, was immer und was von allen geglaubt worden ist. Das nämlich ist wahrhaft und eigentlich katholisch.") – Dieser Satz ziert noch immer die Titelseite der Internationalen Kirchlichen Zeitschrift (IKZ).

Exkurs: Nach dem Zusammenschluss der drei alt-katholischen Kirchen 1889 richteten sich auch die Alt-Katholikenkongresse international und verstärkt ökumenisch aus. Der 10. Alt-Katholikenkongress in Köln 1890 nannte sich als erster „Internationaler Alt-Katholikenkongress". Der folgende Kongress tagte erstmals außerhalb Deutschlands 1892 in Luzern. Er beschloss auf Antrag von altkatholischer und russisch-orthodoxer Seite, ein internationales wissenschaftliches theologisches Organ zu schaffen. Bereits zu Beginn des Jahres 1893 erschien das erste Heft unter dem Namen „Revue Internationale de Théologie". Die Zeitschrift erscheint seither vierteljährlich, die Redaktion ist mit der (Christ)Katholisch-theologischen Fakultät der Universität Bern eng verknüpft. Zunächst lag die Redaktion beim französischsprachigen Professor für Dogmatik und Kirchengeschichte, Dr. Eugen Michaud. Da Autoren und Leserschaft mit der Zeit überwiegend deutschsprachig waren, wurde 1911 der Titel des Organs in „Internationale Kirchliche Zeitschrift – Neue Folge der Revue Internationale de Théologie" (IKZ) geändert.

Jeder neue Bischof einer Mitgliedskirche muss vor der Weihe durch seine Unterschrift der Utrechter Erklärung zustimmen. Diese wurde bisher noch nie revidiert, die Vereinbarung und das Reglement (die Geschäftsordnung) sind hingegen 1952 und 1974 sowie zuletzt seit 1996 überarbeitet worden. Hieraus resultierte das heute gültige „Statut der in der Utrechter Union vereinigten Bischöfe", das Anfang 2001 in Kraft gesetzt wurde.[*]

Die Internationale Bischofskonferenz

Die Bischöfe der Utrechter Union treffen sich jährlich zu einer Vollversammlung und befassen sich mit den aktuellen Anliegen der Kirchengemeinschaft. Die IBK bzw. die Utrechter Union hat keinerlei jurisdiktionelle Vollmacht innerhalb einer Mitgliedskirche, das Ortskirchen-Prinzip soll durch den Zusammenschluss der Kirchen nicht unterlaufen werden. Es geht also in der IBK nicht um die Vertretung von Interessen, sondern um die Pflege der Gemeinschaft, insofern auch immer wieder um den Ausgleich unterschiedlicher Ansichten. Verbindliche Bestimmungen der IBK müssen daher „einstimmig und einmütig" getroffen werden (siehe dazu unten). Die Internationale Bischofskonferenz (IBK) stellt das Bindeglied zwischen den Einzelkirchen dar; der Bischof repräsentiert hier gewissermaßen seine Kirche und trägt deren Anliegen vor. Der Bischof wird in dieser Funktion also verstanden als Bindeglied zwischen seiner Ortskirche und dem internationalen Zusammenschluss der alt-katholischen Kirchen.

Exkurs: Hier wird ein idealisiertes Bild von der Eintracht zwischen Bischof, seiner Kirche und der überörtlichen Ebene zugrunde gelegt, das die jeweiligen Menschen im Bischofsamt gelegentlich zerreißen kann (schon das Prinzip „bischöflich-synodal" bedeutet eine Dialektik mit gehöriger Spannkraft!). Dies zeigt z.B. die synodale Entscheidung der deutschen Kirche zugunsten der Frauenordination. Während die deutsche Bistumssynode mit überwältigender Mehrheit für die Frauenordination votiert hatte, verlangte die Mehrheit der IBK vom damaligen deutschen Bischof Dr. Sigisbert Kraft, dass dieser Schritt nicht eigenmächtig nur in Deutschland erfolge. Bischof Kraft bat im Auftrag der IBK daraufhin die Bistumssynode, auf die sofortige Umsetzung der Priesterinnenweihe zu verzichten (siehe Kapitel „Krise der Utrechter Union").

Die IBK ist insofern das zentrale Kommunikationsorgan der Utrechter Union. Als Aufgaben sind die Entscheidung über die Aufnahme neuer Mitglieder, aber auch die Trennung von bisherigen Mitgliedskirchen definiert, wenn festgestellt wird, dass die gemeinsamen Glaubens- und theologischen Grundlagen keine volle Kirchengemeinschaft mehr möglich machen. Sie stellt Mitgliedskirchen, die keinen eigenen Bischof haben, unter ihre eigene Jurisdiktion in der Form, dass ein Bischof als Delegat der IBK die bischöflichen Aufgaben in der betreffenden Kirche wahrnimmt.

---

[*] Das Statut der Internationalen Altkatholischen Bischofskonferenz (IBK) wurde in einem Beiheft der IKZ 2001 in fünf Sprachen veröffentlicht und in einem Vorwort von Urs von Arx kommentiert. (IKZ 91)

Exkurs: *Auch diesbezüglich ist die Einführung der Frauenordination als „Krise der Utrechter Union" (siehe entsprechendes Kapitel) anzuführen. Nach der tatsächlichen Durchführung der Priesterinnenweihe (woran sich auch Vobbes Amtsvorgänger Sigisbert Kraft sowie der ehemalige deutsche alt-katholische Pfarrer von Rosenheim, Bernhard Heitz, der mittlerweile zum Bischof für die österreichische Kirche gewählt worden war, beteiligten), bestand innerhalb der IBK die Vorstellung, der deutsche Bischof solle bis zur endgültigen Klärung der Haltung der IBK zur Frauenordination seine Mitgliedschaft ruhen lassen. Unter der Zwischenüberschrift „Bischof zwischen allen Stühlen" blickt ein Artikel der deutschen Kirchenzeitung anlässlich der Emeritierung von Bischof Vobbe auf jene Zeit zurück: „…in der Befürchtung, damit einen Bruch zwischen deutscher Kirche und Utrechter Union herbeizuführen, wurden Bischof Joachim und der Zweite Vorsitzende der Synodalvertretung, Dr. Hans-Joachim Rosch, damals beim Erzbischof von Canterbury vorstellig. Mit ihm wollten sie für alle Fälle die Möglichkeit einer Aufnahme der deutschen Alt-Katholischen Kirche in die Anglikanische Gemeinschaft erörtern. Der Erzbischof von Canterbury, George Carey, sagte im Fall eines Ausschlusses des deutschen Bischofs aus der IBK der Utrechter Union eine Aufnahme des deutschen Bistums in die Anglikanische Kirchengemeinschaft zu."*[40]

Die weitere Entwicklung der Utrechter Union

Neben der inner-altkatholischen Kommunikation stellt auch der ökumenische Dialog bzw. der geschwisterliche Kontakt zu anderen Kirchen bzw. Kirchengemeinschaften eine zentrale weitere Aufgabe für die IBK dar. Dies führte nach einem langen Klärungsprozess etwa 60 Jahre nach Gründung der Utrechter Union zur vollen Kirchengemeinschaft mit der Anglikanischen Kirchengemeinschaft im Jahr 1931.

Exkurs: *Die ökumenischen Beziehungen sind aber wie dargestellt nicht nur in die Verantwortung der IBK gestellt, sondern (im Sinne der skizzierten alt-katholischen Grundüberzeugung) auch eine Kernaufgabe der jeweiligen Ortskirchen. Wie im Kapitel über die deutsche Kirche geschildert, führt die alt-katholisch-evangelische Abendmahls-Gastfreundschaft noch immer zu Irritationen innerhalb der IBK. Auch bei diesem Thema landet der inhaltliche Streit oft bei der Person des betreffenden Ortsbischofs. Der heutige deutsche Amtsinhaber Dr. Matthias Ring berichtet über die Sitzung der IBK im Jahr 2011: „In Amersfoort bat man mich, von Interzelebrationen abzusehen. … Ich frage mich nach der Sitzung, wo das eigentliche Problem liegt: Ist es ein grundsätzlich theologisches oder eher eine Frage der ökumenischen Taktik? Kann es sein, dass in der IBK beziehungsweise in den Kirchen der Utrechter Union die konkrete ökumenische Praxis zwischen Alt-Katholiken und Protestanten in Deutschland weithin unbekannt ist?"*[41]

Dialog mit der römisch-katholischen Kirche

Als herausragende ökumenische Entwicklung der Utrechter Union der letzten Jahre ist insbesondere der Dialog mit der römisch-katholischen Kirche zu werten. Nach einer ersten Annäherung der beiden katholischen Kirchen im Rahmen des zweiten Vatikanischen Konzils (vgl. Kapitel zur deutschen alt-katholischen Kirche), kam es in den 1970er Jahren zu ersten offiziellen Gesprächen und zu einem Entwurf einer Vereinbarung über pastorale gegenseitige Hilfen, welche jedoch nicht verabschiedet wurde. Im Jahr 2000 wurde dann von römisch-katholischer Seite gegenüber dem damaligen alt-katholischen Erzbischof von Utrecht, Antonius Jan Glazemaker, eine Einladung zu direkten bilateralen ökumenischen Gesprächen übermittelt. Es wurde daraufhin eine internationale römisch-katholische/altkatholische Dialogkommission zusammengestellt. Diese nahm 2004 die Arbeit auf, sie konstatierte zunächst eine weitgehende Übereinstimmung in den Grundlagen des Kirchen- sowie des Sakramentsverständnisses sowie im beiderseitigen Festhalten an den zentralen dogmatischen Aussagen des ersten Jahrtausends.

Die zentralen Diskrepanzen werden anhand der kirchengeschichtlich verortbaren Entwicklungen der römischen Kirche festgemacht am

• „Utrechter Schisma" 1723 und

• den Dogmen des Ersten Vatikanischen Konzils über die Unfehlbarkeit und den Jurisdiktionsprimat des Papstes 1870 (führte zum „alt-katholischen Schisma").

In den Gesprächen wurde die Methodik des „differenzierten Konsenses" angewandt, d.h. Differenzen werden benannt und darauf geprüft, ob dennoch eine angestrebte Kirchengemeinschaft möglich sei. Der deutsche Lehrstuhlinhaber für alt-katholische Theologie in Bonn und Mitglied der Dialogkommission, Prof. Dr. Günter Eßer, stellt in einem Vortrag in der Düsseldorfer Gemeinde 2011 heraus, dass die Reflexion der Papst-Frage auch einen Klärungsprozess für die eigene alt-katholische Identitätssuche bedeute. Z.B. hätten die Gründungsbischöfe der Utrechter Union dem Papst einen „historischen Primat" bescheinigt: „Freilich haben uns die Bischöfe damals nicht gesagt, wie ein solcher ‚historischer Primat' praktisch aussehen könnte. Dieser schwierigen Aufgabe hatte sich unsere Kommission zu stellen."[42] Insofern diene die Auseinandersetzung mit dem römisch-katholischen Kirchen- und Amtsverständnis auch der alt-katholischen Selbstfindung. Eßer plädiert entsprechend für die Fortsetzung dieses Dialoges, „alleine schon, um die theologischen Positionen – nicht zuletzt die alt-katholischen! – zu umschreiben."[42]

Er warnt vor alt-katholischen Abwehrreflexen gegenüber der römischen Kirche, denn Denkverbote seien nicht mit der eigenen theologischen Freiheit vereinbar: „Wir haben also … ‚ekklesiologisches Neuland' betreten. Deswegen sollen diese Vorstellungen auch als das betrachtet werden, was sie sein wollen: ein erstes Denkmodell, nicht mehr – aber auch nicht weniger!"[42]

Neben dem zentralen Konfliktthema „Papstamt" werden im Dialogpapier noch die Frauenordination und verschiedene kirchenrechtliche Schwierigkeiten angeführt. Darüberhinaus gibt es Uneinigkeit über die Bedeutung von Maria, der Mutter Jesu, für den Glauben. Bezüglich der alt-katholischen Verwerfung der beiden römisch-katholischen Mariendogmen (1854: „Unbefleckte Empfängnis" und 1950: „Aufnahme Mariens in den Himmel") hält das Papier folgende alt-katholische Äußerung fest: „Die alt-katholische Ablehnung argumentiert in erster Linie damit, dass eine Lehre, die von der Heiligen Schrift und der Überlieferung der Alten Kirche nicht hinreichend bezeugt ist, vom Papst nicht als eine von Gott geoffenbarte, für das Heil notwendige Glaubenswahrheit verbindlich definiert werden kann. Die Ablehnung ist zudem auch vom geschichtlichen Kontext her zu begreifen, denn für die Altkatholiken konnotieren beide Mariendogmen, besonders das von Pius IX. proklamierte, einen Katholizismus, der ihrem Kichenverständnis nicht entsprach und der ihnen fremd blieb."[43]

Das Dialogpapier wurde unter dem Titel „Kirche und Kirchengemeinschaft" veröffentlicht. Die deutsche Bistumssynode setzte sich bereits mit dem Papier auseinander. „Erhitzte Gemüter und Ernüchterung" betitelte Joachim Pfützner seinen Artikel in der deutschen Kirchenzeitung über diese Auseinandersetzung.[44] Eine offizielle Bewertung des Papieres durch den Einheitsrat der römisch-katholischen Kirche wird es nicht geben, stattdessen wurde von römisch-katholischer Seite angeregt, den Dialog fortzuführen, was mittlerweile geschehen ist. Im September 2011 wurde eine alt-katholische Delegation der IBK zu einem Gespräch in Rom empfangen vom Präsidenten des „Päpstlichen Rates zur Förderung der Einheit der Christen", Kardinal Kurt Koch, zusammen mit Monsignore Matthias Türk, der als Schriftführer Mitglied der bisherigen römisch-katholischen Dialogkommission war.

Exkurs: In diesem Gespräch wurde die ernsthafte Absicht zu einer engeren Gemeinschaft unterstrichen, zugleich aber verdeutlicht, dass eine inhaltliche Übereinstimmung Voraussetzung sei, sodass die weitere mühsame Klärung der ekklesiologischen Detailfragen unaufgebbar sei, aber eben fortgesetzt werden solle. Unter Anspielung auf die alt-katholische ekklesiologische Orientierung an der Kirche des ersten Jahrtausends wird zugleich das Augenmerk auf einen inner-altkatholischen Konflikt gelenkt, nämlich die eucharistische Gastfreundschaft mit den Kirchen der Reformation: der altkirchliche Konsens „keine Eucharistiegemeinschaft ohne Kirchengemeinschaft" solle insgesamt Beachtung finden.

Die Erweiterung der Utrechter Union (I) durch Neuaufnahmen

Die Altkatholische Kirche Österreichs

Unter den Gegnern der Papstdogmen von 1870 waren auch österreichische Bischöfe, allen voran der Erzbischof von Wien, Kardinal Othmar von Rauscher, so dass anfänglich in altkatholischen Kreisen große Hoffnung auf ihn und seine Mitbischöfe gesetzt wurde. Allerdings unterwarfen sie sich letztlich wie ihre deutschen Amtsbrüder alle den neuen Glaubenssätzen. Rauscher, der das Konzil vor den Entscheidungen vom 18. Juli 1970 verlassen hatte, wandte sich scharf gegen die „nicht vatikanisch gesinnten Katholiken" und verhängte sogar ein Interdikt über die ihnen bereits im Oktober 1871 vom Magistrat Wien zum Gebrauch überlassene St.Salvator-Kirche. Wer sie betrete, sei „eo ipso" exkommuniziert. Dieses Interdikt wurde erst unter Kardinal Franz König 1969 aufgehoben. Ähnliches galt auch für den Fürsterzbischof von Prag, Kardinal Friedrich Fürst zu Schwarzenberg, der wie Rauscher ein erklärter Gegner der beiden Dogmen von 1870 gewesen war. Als letzter Bischof der K.u.K.-Donaumonarchie unterwarf sich der Bischof von Djakovo in Kroatien, Josip Juraj Strossmayer (gestorben 1905), der sich auf dem Konzil heftig gegen die neuen Glaubensätze ausgesprochen hatte.

In der Habsburger Doppelmonarchie bestanden schon vor dem ersten vatikanischen Konzil „innerkatholische Widerstandsbewegungen" gegen päpstliche Absolutheitsansprüche: in Österreich in Form des „Josephinismus", in Kroatien v.a. im Widerstand gegen den „lateinischen" Anspruch Roms in der Liturgie.

Exkurs: Bereits unter „Kaiserin" Maria Theresia kam es in der Donaumonarchie zu Reformen der katholischen Kirche. Auf ihre Veranlassung wurde etwa der Jesuitenorden aufgehoben. Ihr Sohn Josef II., der ab 1780 bis zu seinem Tod 1790 als Alleinherrscher regierte, setzte die Reformen seiner Mutter fort. Der Kaiser vertrat die Auffassung, dass alle kirchlichen Angelegenheiten, die nicht den Glauben oder das Gewissen betrafen, durch den Staat geregelt werden sollten. Es sei Aufgabe des Staates, bei kirchlichen Missständen ordnend einzugreifen. Die Rechte des Papstes auf österreichischem Gebiet wurden eingeschränkt. Josef versuchte, eine von Rom unabhängige Nationalkirche zu schaffen. Nach der bereits unter der Herrschaft seiner Mutter vorgenommenen Aufhebung des Jesuitenorden in Österreich wurden jetzt auch andere Klöster, die nicht karitativ oder erzieherisch tätig waren, aufgelöst und ihr Vermögen vom Staat eingezogen (insgesamt 700 - 800 Klöster). Aus den so eingezogenen Gütern wurde ein Religionsfonds eingerichtet, der eine bessere Ausbildung der Geistlichen und Wohlfahrtsprojekte finanzierte.

Die Reformmaßnahmen umfassten auch liturgische Neuerungen. Die Regierung gab Richtlinien für die Liturgie und Predigt heraus, der Gemeindegesang wurde eingeführt und Wallfahrten und Prozessionen wurden eingeschränkt. 1781 erließ Josef II. das „Toleranz-Edikt", das den Protestanten und Orthodoxen auf österreichischem Gebiet die Duldung und die Ausübung des Gottesdienstes gewährleistete. Der „Josefinismus" wird als „Reform von oben" charakterisiert. Der Bruder des Kaisers, Großherzog Leopold II., berief gemeinsam mit seinem kirchlichen Berater Bischof Scipione Ricci 1786 eine Synode nach Pistoja in der Toskana ein. Diese Synode, an der Gemeindepfarrer und Laienvertreter teilnahmen, hatte ebenfalls die Intention einer kirchlichen Reform, die aus der Mitte der Kirche hervorging und daher im Unterschied zu den josefinischen Neuerungen als „Reform von innen" bezeichnet wurde. Auf ihr wurde die Ausuferung der päpstlichen Machtfülle bekämpft und dem Papst nur die Stellung des „Primus inter pares" (Erster unter Gleichen) zugesprochen. 1790 wurde Großherzog Leopold nach dem Tod seines Bruders Josef selbst Kaiser, er starb jedoch bereits 1792. Seine Nachfolger sowohl in der Toskana als auch im Kaiserreich Österreich unterliefen zunehmend die Bestimmungen der Josefinischen Kirchenreform. 1794 verdammte Papst Pius VI. die Beschlüsse der Synode von Pistoja in der Bulle „Auctorem fidei". Die Ideen des Josefinismus wirkten in den österreichischen Ländern dennoch lange nach.

Die Entstehung der alt-katholischen Kirche in Österreich

Am 30. Juli 1870 löste Kaiser Franz Joseph I. das 1855 mit dem Vatikan geschlossene Konkordat einseitig mit der Begründung auf, dass der Vertragspartner ein anderer – nämlich ein unfehlbarer – geworden sei. Führer der altkatholischen Bewegung (v.a. Ignaz von Döllinger) erhielten zahlreiche Unterstützungsschreiben aus Österreich; sowohl Einzelpersonen als auch politische Vereinigungen und Gemeindevertretungen verfassten sog. „Döllinger-Adressen". Der österreichische Geistliche Alois Anton veröffentlichte zahlreiche Zeitungsartikel, in denen er altkatholische Anliegen vertrat. Er regte die Errichtung einer „romfreien Kultusgemeinde" in Wien an. Schätzungsweise 20.000 Menschen interessierten sich damals in der Hauptstadt für diese Bewegung innerhalb der römisch-katholischen Kirche. Die Erzbischöfe von Wien und Prag stellten sich trotz ihres Protestes auf dem Konzil gegen diese Entwicklung. Der Wiener Stadtrat stellte den Altkatholiken die Kapelle des Alten Rathauses zur Verfügung. Weitere größere Gemeinden entstanden in Böhmen. Besonders in der reichen Industriestadt Warnsdorf blühte die altkatholische Gemeinde rasch auf. In Ried sammelte sich die Gemeinde um den Seelsorger Dr. Josef Brader und bekam von der Stadt die 300 Jahre alte Heiligen-Geist-Kirche zur Nutzung überlassen. Während die Warnsdorfer Altkatholiken bereits im Jahre 1874 eine eigene große Kathedrale „Zur Verklärung Christi" errichteten, taten es ihnen die Rieder nach dem von der Stadtgemeinde veranlassten Abriss der Heilig-Geist-Kirche mit dem Bau der eigenen, im September 1893 geweihten „Christuskirche" gleich.

Allerdings verwehrte die Regierung der Habsburger Monarchie diesen altkatholischen Gemeinden zunächst die staatliche Anerkennung. Erst 1877 konnten sich die entstandenen Kirchengemeinden auch rechtsgültig konstituieren. Zwei Jahre später trat die erste Synode der Altkatholischen Kirche Österreichs zusammen. Auf ihr wurde die Kirchenverfassung verabschiedet, die weitgehend die Reformen der deutschen und der schweizerischen Kirche übernahm: Aufhebung des Beicht-, Fast- und Zölibatszwangs, Gottesdienste konnten in der Landessprache gehalten werden. Die Kommunion wurde in beiden Gestalten für alle Gläubigen ermöglicht.

Starken Zuwachs erfuhr die altkatholische Kirche in Österreich durch die „Los von Rom"-Bewegung. Im Zeitalter des Nationalismus handelte es sich hierbei eher um eine politische Bewegung, die die Unabhängigkeit der „Nation" von äußeren Machthabern wie dem Papst anstrebte. Sie wurde vom deutschnationalen Abgeordneten Georg Ritter von Schönerer vorangetrieben. In der Folge wuchs die altkatholische Kirche von 9.000 Gläubigen (1890) auf über 24.000 Mitgliedern vor dem Zweiten Weltkrieg an. Die meisten Beitritte stammten aus dem nationalen Lager, aber auch aus den Reihen der Sozialdemokratie kam es zu Übertritten zur altkatholischen Kirche. 1888 erhielt Milosch (Amandus) Czech die staatliche Anerkennung als Bistumsverweser, 1890 trat die österreichische Kirche der Utrechter Union bei, also ein Jahr nach deren Gründung.

Exkurs: Zwischen der Kirche von Utrecht und Österreich gab es bereits zu Beginn des 18. Jahrhunderts intensive Beziehungen. Kaiser Karl VI., der Vater Maria Theresias, stand unter dem Einfluss seines jansenistischen Leibarztes Garelli. Er verbot daher die Veröffentlichung der päpstlichen Bulle „Unigenitus", die Jansens Gnadenlehre verurteilte. Auch stand er den Jesuiten sehr ablehnend gegenüber, deren Orden seine Tochter Maria Theresia, wie oben dargelegt, später verbot.

Durch den Frieden von Utrecht 1713, mit dem der spanische Erbfolgekrieg beendet wurde, fielen die ehemaligen spanischen Provinzen Brabant und Flandern an die Habsburger, die dadurch in den Streit um die Kirche von Utrecht involviert waren. Die projansenistische Haltung des Kaisers wurde von Prinz Eugen von Savoyen, der von 1716 bis 1724 Statthalter der Österreichischen Niederlande war, zwar nicht unterstützt, er hielt sich aber loyal an die Weisungen des Kaisers. Der prominenteste Vertreter der Kirche von Utrecht in Österreich war der Arzt Gerhard van Swieten. Er wurde am 7. Mai 1700 in Leyden geboren und war ein Schüler des berühmten Arztes und dortigen Professors Hermann B. Boerhaave (nach dem das Syndrom der spontanen Speiseröhrenruptur benannt ist). Da van Swieten jansenistischer Katholik war, konnte er in den reformierten Niederlanden keinen Lehrstuhl innehaben und ging 1775 als Leibarzt Maria Theresias nach Wien. Er wurde Direktor der Hofbibliothek und Dekan der medizinischen Fakultät der Alma Mater Rudolfina.

Van Swieten reformierte das Studienwesen, schuf die Grundlagen der ersten Wiener Medizinischen Schule und setzte sich für soziale Einrichtungen sowie für den Neubau eines Universitätsgebäudes ein. Er führte zahlreiche jansenistische Freunde bei Hof ein. So entstand am Wiener Hof ein Zentrum der europäischen Aufklärung. Zu diesem Zirkel zählten auch Geistliche, wodurch die Reform der Kirche zu einem wichtigen Anliegen dieses Kreises wurde. Gemeinsam arbeitete man daran, die Jesuiten aus den einflussreichen Hofstellen zu verdrängen. So übernahm z.B. ein Jansenist die religiöse Erziehung der jungen Erzherzogin Marie Antoinette, der späteren Königin von Frankreich. Viele österreichische Kirchenfürsten unterstützten öffentlich die Kirche von Utrecht. Die „Wienerische Kirchenzeitung", die von 1784 bis 1789 erschien, hielt engen Kontakt mit dem Erzbistum Utrecht.

Weitere Entwicklung der österreichischen altkatholischen Kirche

1896 wurde der Sitz des Bistums von Wien in das nordböhmische Warnsdorf verlegt. Durch die Niederlage der Achsenmächte im Ersten Weltkrieg wurde die Habsburger Doppelmonarchie aufgelöst, das Bistum Deutschösterreich entstand, nachdem die nordböhmischen Gebiete der tschechoslowakischen Republik zugeschlagen worden waren. Das Zentrum des deutschösterreichischen Bistums wurde erneut Wien. Dieses neue Bistum wuchs schnell, die Gründe lagen nicht nur in der oben dargestellten nationalen „Los-von-Rom"-Bewegung, sondern auch an der Tatsache, dass die österreichischen Altkatholiken schon damals eine zweite Eheschließung Geschiedener ermöglichten (im Unterschied zur niederländischen, deutschen und schweizerischen Schwesterkirche, die an der Unauflöslichkeit der Ehe festhielten). Erst 1924 kam es zur Wahl des ersten österreichischen Bischofs. Es war der Wiener Pfarrer Adalbert Schindelar, der im folgenden Jahr in Bern vom Schweizer Bischof geweiht wurde. Er war zu diesem Zeitpunkt bereits schwer krank und starb 1926. Sein Nachfolger wurde Pfarrer Robert Tüchler, der in Wien durch den tschechoslowakischen Bischof Alois Paschek geweiht wurde. Nach der Vertreibung der sudetendeutschen Altkatholiken nach 1949 war Alois Paschek, der in der 20er Jahren des vergangenen Jahrhunderts auch Pfarrer in Passau gewesen war, ein „Bischof ohne Kirchenvolk" geworden. Er starb 1946.

In den dreißiger Jahren brachte der Ständestaat unter Kanzler Dollfuß mit seiner betont römisch-katholischen Ausrichtung für die Altkatholiken einerseits schwierige Rahmenbedingungen, andererseits erwuchs hieraus eine neue Beitrittswelle, weil nun alle Staatsbeamten einem religiösen Bekenntnis angehören mussten. Rund 7.000 Neumitglieder verzeichnete die altkatholische Kirche in dieser Phase. Politisch waren es teils Nationalsozialisten, zum bedeutenderen Teil aber Sozialisten bzw. Sozialdemokraten. Im März 1938 wurde der „Anschluss" Österreichs ans Deutsche Reich von der Kirchenleitung und einem Teil der Gläubigen begrüßt. Nach der Besetzung der Tschechoslowakei durch die deutsche Wehrmacht im März 1939 und der Proklamation des „Protektorates Böhmen und Mähren" begrüßte zudem die tschechoslowakische Kirche die Schaffung einer „großdeutschen" altkatholischen Reichskirche, die also zu diesem Zeitpunkt über 3 Bistümer verfügte. Aus diesen unterschiedlichen kirchlichen und staatlichen Zuständigkeiten resultierte auch die Kuriosität, dass noch bis 1980 in Österreich zwei Synodal- und Gemeindeordnungen nebeneinander existierten.[*]

Exkurs: Durch den sog. „Anschluss Österreichs" und die Besetzung des „Protektorates Böhmen und Mähren" durch das Deutsche Reich entstand für die drei beteiligten alt-katholischen Bistümer eine diffizile Situation. Nach dem Ortskirchenprinzip konnte es nur eine alt-katholische Kirche im Großdeutschen Reich geben; die entsprechenden Konkordate waren rechtlich jedoch zumeist an den jeweiligen Bischof bzw. sein Bistum geknüpft. Matthias Ring beschreibt in seiner Untersuchung „Katholisch und deutsch" im Kapitel „Drei Bistümer – eine Kirche" die entsprechende Entwicklung. Man behielt die drei Bistümer bei, die sich zu einer „Katholischen Kirche der Alt-Katholiken des Deutschen Reiches" zusammenschlossen. Als zentrale Verwaltungsinstitution wurde 1940 der „Kirchenrat" (später „Oberkirchenrat") gegründet, der sich aus den drei Bischöfen sowie Delegierten (sowohl Geistliche als auch Laien) der jeweiligen Synodalvertretungen zusammensetzte.

Matthias Ring urteilt: „Die Kirchen blieben rechtlich selbstständig; deshalb wurde auch die Bildung einer Reichssynode abgelehnt, durch welche die Bistumsautonomie beseitigt worden wäre."[46] (vgl. zu diesem Argument im Bezug

---

[*] Während der Staat die unter Bischof Schindelar beschlossene Ordnung aus der Mitte der Zwanzigerjahre als gültig behandelte, praktizierte die Kirche die in der Kriegszeit beschlossene Fassung; Prof. Hans Hoyer, der 1980 die neue Verfassung miterstellt hat, merkt an: 35 Jahre nach dem Ende des Zweiten Weltkrieges und mehr als 40 Jahre nach dem sogenannten Anschluss [wurde diese] unerfreuliche Rechtslage erst durch eine Außerordentliche Synode der Altkatholischen Kirche Österreichs am 6.Juni 1980 saniert. Ursache der Diskrepanz ist die Zeit der Okkupation Österreichs zwischen 1933 und 1945, in welcher die einzelnen, die Altkatholische Kirche Österreichs betreffenden Agenden teils vom Reichsminister für die kirchlichen Angelegenheiten in Berlin, teils vom Bistum Bonn der deutschen alt-katholischen Kirche wahrgenommen worden sind. Beide Stellen waren weder über die österreichischen Verhältnisse noch über die Rechtslage hinreichend informiert. Nicht zuletzt daraus hatten sich für die Altkatholische Kirche Österreichs immer wieder Probleme ergeben.[45]

auf die gesamte Utrechter Union die Idee einer „internationalen Synode" in den Schlussbetrachtungen). Der (Ober-)Kirchenrat tagte nach Aktenlage allerdings nur ein einziges Mal im Jahr 1941.

1942 trat der österreichische Bischof Tüchler in den Ruhestand; ein Nachfolger wurde vorläufig nicht geweiht. Sein Generalvikar, der ehemalige Barnabitenmönch Dr. Stefan Török, übte fortan die Funktion eines Bistumsverwesers aus. Erst nach dem Zweiten Weltkrieg wurde er zum Bischof gewählt und im Oktober 1948 in der Wiener St. Salvator Kapelle geweiht.

Nach dem Zweiten Weltkrieg musste die österreichische Altkatholische Kirche zunächst noch finanziell durch die Geschwisterkirchen der Utrechter Union unterstützt werden. Seit 1957 erhielt die österreichische Kirche regelmäßige finanzielle Unterstützung durch den Staat. Durch diese staatliche Dotation für alle in Österreich anerkannten Kirchen und aufgrund des aus der Okkupationszeit geltend gebliebenen (freilich durch jede Kirche selbst organisierten) Kirchenbeitrags war die ausländische Unterstützung in der Folgezeit nicht mehr notwendig. Nach dem Tod von Bischof Dr. Török wurde Nikolaus Hummel 1975 der nächste Bischof. Er bestellte 1984 den zeitweiligen Hamburger alt-katholischen Seelsorger und Äthiopisten der dortigen Universität, Prof. Dr. Dr. Dr. Ernst Hammerschmidt, den noch sein Vorgänger Török ordiniert hatte, zum Bischofskoadjutor. Hammerschmidt verließ die Kirche jedoch 1993. Bischof Nikolaus Hummel machte sich vor allem durch die Organisation des Altkatholischen Religionsunterrichts an sog. „Stamm-Schulen" als ordentliches Unterrichtsfach mit staatlicher Besoldung der altkatholischen Religionslehrkräfte verdient. Er wurde mit dem Ehrentitel eines „Hofrats" ausgezeichnet.

Die österreichische Synode wählte 1994 den deutschen damaligen Rosenheimer alt-katholischen Pfarrer Bernhard Heitz zum Bischof. Seinen biblischen Wahlspruch „Du stellst meine Füße auf weiten Raum" (Ps 31, 9 in der Lutherübersetzung) ergänzte er um einen Slogan der politischen Alternativ-Bewegung, welcher das Anliegen der alt-katholischen Kirchen widerspiegelt, sich auf den Ursprung des christlichen Glaubens (auf die „Alte Kirche") zu beziehen: „Wer zur Quelle will, muss gegen den Strom schwimmen." Bischof Heitz verstand sich als „Moderator" angesichts eines von verschiedenen Seiten konstatierten Reformstaus. Wieder stand eine Gesamtrevision der Kirchenverfassung an, eine neue Finanz- und Verwaltungsstruktur sollte erarbeitet, die liturgische Erneuerung (Revision des Altarbuchs, Erstellung eines neuen Gebet- und Gesangbuchs) in die Wege geleitet und die Diskussion um die Frauenordination sowie die Klärung der Frage gleichgeschlechtlicher Lebensgemeinschaften vorangetrieben werden. Die Kirche fand sich in Erwartung einer pastoralen Erneuerung. Gleichzeitig befürwortete man angesichts der Zerissenheit der IBK in diesen Fragen den Beitritt zur „Utrechter Commnio", wodurch die Einheit der Utrechter Union gegenüber den Mitgliedskirchen bewahrt werden sollte, die den Weg zur Frauenordination nicht mitgehen konnten.

Zur Frage der „gleichgeschlechtlichen Liebe" und der „Segnung gleichgeschlechtlicher Hausgemeinschaften" beschloss die österreichische Synode (als einzige Mitgliedskirche der UU) „fünf richtungsweisende Sätze":

- Die Altkatholische Kirche Österreichs nimmt die gleichgeschlechtliche Liebe von Menschen als eine Gegebenheit in der Schöpfung zur Kenntnis.
- Sie betrachtet die Sexualität des Menschen als Gabe Gottes und als lebenslange Aufgabe für den Menschen in persönlicher Verantwortung und Rücksichtnahme anderen gegenüber.
- Niemand darf wegen seiner/ihrer erotischen Prägung in Bezug auf seine/ihre verantwortlich gewählte Lebensform diskriminiert werden.
- Die Synode der Altkatholischen Kirche Österreichs hält Segnungen von Haus- und Lebensgemeinschaften für möglich, die auf Dauer angelegt sind.
- Das Sakrament der Ehe ist allein für die Verbindung von Mann und Frau möglich.[47]

In zwei Bischofsworten begründete Bischof Heitz seinen und den Weg mit seiner Kirche: „Brief an die Altkatholische Kirche Österreichs anlässlich des 10. Weihetages zum Bischof am 18.12.2004" und „Vom Geschenk des christlichen Glaubens, von der Einzigartigkeit der Religion Jesu Christi".[48] Als Bischof Heitz im Jahre 2007 mit 65 Jahren in den Ruhestand ging, wählte die Synode Johannes Okoro zu seinem Nachfolger. Der gebürtige Nigerianer war als promovierter Psychologe hauptberuflich als Psychotherapeut in eigener Praxis tätig und betreute seit seiner Konversion zum Altkatholizismus 1999 die Kirchenmitglieder in Vorarlberg. Sein Wahlspruch spielt auf die Unerwartetheit seines Bischofsamtes an: „Für Gott ist alles möglich" (etwa Mk 10, 27).

Auch nach der Emeritierung von Bischof Heitz sind weiterhin ehemals deutsche Geistliche in der österreichischen Kirche tätig, etwa Sabine Clasani, die seit 2008 in der Kirchengemeinde Wien-West als Pfarrerin arbeitet oder Dr. André Golob, der vorher als Seelsorger in Düsseldorf und Bottrop und zudem als Missionsbeauftragter des deutschen Bistums tätig war und welcher heute als Pfarrer an der St. Salvator-Kapelle wirkt. Sie ist die zweitälteste Kirche Wiens. Der ehemalige Archivar der österreichischen Kirche, Christian Halama (alias

Blankenstein)* vermerkt in seiner umfassenden Arbeit „Altkatholiken in Österreich" (2004) über dieses Zentrum des österreichischen Alt-Katholizismus: „Bis heute fungiert sie als Hauptkirche der Alt-Katholiken in Österreich, obwohl sie nicht als Bischofskirche angesehen wird."[49] Bischof Heitz ließ sich jedoch nach dem Weihegottesdienst in der Lutherischen Stadtkirche am 18.12.1994 in einem feierlichen Akt in der St.Salvator-Kirche „inthronisieren" bzw installieren.

Die österreichische Kirche umfasst 11 Gemeinden. Bei einer Volkszählung 2001 gaben 14.600 Österreicher an, altkatholisch zu sein, während innerkirchlich nur 11.000 Mitglieder erfasst sind. Von den in der altkatholischen Kirche in Österreich tätigen geweihten Frauen sind im Jahre 2013 zwei prominente Vertreterinnen gestorben: im Januar verschied Dr. Elfriede Kreuzeder. Sie war die erste Pfarrerin der österreichischen altkatholischen Kirche. Im Juli verstarb nach langer, schwerer Krankheit Karin Leiter, die sich sehr für die österreichische Kirche engagiert hat.

---

* Halama legte sein Pfarramt 2008 nieder; in einer damals veröffentlichten Stellungnahme kritisierte er die seines Erachtens zu starke Annäherung der alt-katholischen Kirche an die römische Schwester in den letzten Jahren.

Polnish-National Catholic Church (PNCC)
in den USA und in Kanada
(Mitglied der Utrechter Union von 1907 bis 2004)

In den USA entstanden vor der Wende vom 19. zum 20. Jahrhundert verschiedene nationalkirchliche Bewegungen unter den katholischen Einwanderern. Insbesondere Immigranten aus den slawischen Ländern verbanden in der Neuen Welt ihre Religionsausübung mit der Pflege nationaler Traditionen. Die katholische Kirchenleitung bemühte sich um so genannte „Nationalpfarreien". Um ein breites kulturelles und soziales Angebot in den oftmals kleinen Einwanderergemeinden gewährleisten zu können, wurde durch deren Verantwortliche vor Ort von den Mitgliedern oftmals ein hohes zeitliches und finanzielles Engagement eingefordert. Um diesen häufig Überhand nehmenden Druck auf einzelne Gemeindemitglieder zu beenden, entzog die Synode von Baltimore 1883 den einzelnen Gemeinden die Zuständigkeit für finanzielle Angelegenheiten und unterstellte sie den Bischöfen. Dies führte insbesondere in den polnischen Einwanderergemeinden zu immer stärkerer Unzufriedenheit gegenüber den Kirchenleitungen. Auf besonderen Widerspruch stieß die Einsetzung nicht-polnischer Geistlicher in diesen Gemeinden; man fühlte sich in der nationalen Eigenart und Sprache übergangen, etwa durch irische oder deutsche Bischöfe und Priester. Der polnische Nationalismus wurde im europäischen Heimatland durch die preußische und russische Besatzung unterdrückt, so dass er sich in der „freien Welt" umso stärker äußerte.

In dieser Situation kam es zu zahlreichen Abspaltungen polnischer Katholiken von der römischen Kirche mit dem Ziel, eine polnische Nationalkirche zu gründen. Eine treibende Kraft war dabei der Priester Anton Stanislaus Kozlowski. Er arbeitete zusammen mit den Vertretern mehrerer polnischer Gemeinden eine Kirchenverfassung aus und legte diese den alt-katholischen Bischöfen vor. 1897 kam es zur Bildung einer unabhängigen katholischen Diözese in Chicago. Noch im selben Jahr erhielt Kozlowski die Bischofsweihe durch den alt-katholischen Erzbischof Gerardus Gul von Utrecht. In den ersten Jahren florierte Kozlowskis polnische Kirche, später geriet sie zunehmend in Finanzschwierigkeiten und verlor an Mitgliedern.

Exkurs: *Etwa zeitgleich bemühte sich auch René Vilatte, der 1885 von Eduard Herzog zum Priester geweiht worden war, um die Gründung einer alt-katholischen Kirche von Amerika. Er ließ sich 1892 von einem Bischof der syrisch-jakobinischen Kirche seinerseits zum Bischof weihen. Er warb v.a. unter unzufriedenen polnischen Katholiken in Wisconsin für seine Gemeinden. Er wird als unstete Persönlichkeit charakterisiert, die sich nicht auf eine langwierige Aufbauarbeit vor Ort einlassen mochte, stattdessen seine vermeintliche Weihegewalt zelebrierte und viele Abenteurer wiederum zu angeblich „altkatholischen*

Bischöfen" weihte. Bis heute gibt es in den USA eine Vielzahl „alt-katholischer Kirchen", die von Bischöfen geleitet werden, die keine realen Gemeinden haben. Diese verweisen auf ihre „gültigen Weihen", durch die sie innerhalb der apostolischen Sukzession stünden. Man nennt sie umherschweifende Bischöfe (Episcopi vagantes), die immer wieder medienwirksam auftreten.*

Die Kirchen der Utrechter Union haben sich von Beginn an von den Vaganten-bischöfen distanziert und ihre Weihen nicht anerkannt, selbst wenn sie unter formal korrekten Kriterien vollzogen wurden. Der christkatholische Bischof Eduard Herzog führte hierfür zwei Argumente auf: Wenn die Voraussetzungen einer Weihe falsch sind (falsche Vorgaben bzw. Wahlurkunden), ist auch die Weihe selbst falsch. Außerdem wird darauf verwiesen, dass das Bischofsamt keine losgelöste klerikale Position ist, sondern ein Amt innerhalb der Kirche, so dass es ohne eine wirkliche kirchliche Gemeinschaft auch keinen Bischof geben kann. Die Vagantenbischöfe führten insofern als „Hirten ohne Herde" eine Scharlatanerie auf. „Wenn der Satz gilt: nulla ecclesia sine episcopo (keine Kirche ohne Bischof), so ist umgekehrt auch der Satz anzuerkennen: nullus episcopus sine ecclesia (kein Bischof ohne Kirche)".[50]

Ein weiteres Bistum entstand in Scranton im amerikanischen Bundesstaat Pennsylvania. In den dortigen Kohlengruben arbeiteten viele polnische Emigranten, es war die Region mit der höchsten Konzentration polnischer Einwanderer in den USA. Als auch hier die Synodenbeschlüsse aus Baltimore von 1883 umgesetzt werden sollten, kam es zum offenen Aufstand der Polen. Ihre Forderung nach polnischen Geistlichen und nach Bewahrung des eigenen Kirchenvermögens wurde abgelehnt. Sie wählten daraufhin den Arbeiterpriester Franz Hodur zu ihrem Pfarrer und errichteten eigene Notkirchen. Hodur war zuvor an der Universität Krakau wegen seiner patriotischen Einstellung vom Theologiestudium ausgeschlossen worden, hatte erst in den USA sein Studium abge-

---

* Im Juni 2005 befasste sich die IBK mit den unterschiedlichen „alt-katholischen" Gruppierungen in Nordamerika und hat einen umfassenden Bericht über diese Gruppen veranlasst. Einige Jahre lang stand die IBK in Verbindung zur kanadischen „Old Catholic Church of British Columbia", die Aufnahme in die Utrechter Union wünschte. Auf der IBK-Sitzung im März 2006 wurde mit deren Bischof LaPlante eine probeweise Aufnahme in die Utrechter Union vereinbart. Bereits im Februar 2007 kam es jedoch wieder zur Trennung. In einem Communiqué der IBK hieß es: „Der Bericht über die Tätigkeit, die gelebte Frömmigkeit und die nachfolgende Diskussion über die theologischen Grundlagen dieser Kirche warfen große Zweifel auf, ob ein gemeinsamer Weg tatsächlich möglich sei. Nach intensiven internen Gesprächen kam die Bischofskonferenz zum Schluss, dass sie ihre Entscheidung zur probeweisen Aufnahme der Old Catholic Church of British Columbia vom letzten Jahr revidieren muss. Sie gestand gegenüber Bischof LaPlante ein, einen Fehler in der Einschätzung einer möglichen gemeinsamen alt-katholischen Identität gemacht zu haben und erklärte ihm, dass der Weg zur Einbeziehung seiner Kirche in eine größere Gemeinschaft nicht über die Utrechter Union führen könne."

schlossen und war 1893 in Scranton zum Priester geweiht worden. Er plante zunächst nicht die Errichtung einer polnischen Nationalkirche, sondern bemühte sich um eine Verständigung mit Rom. 1897 reiste er in den Vatikan zu einer Audienz bei Papst Leo XIII.; eine Einigung erschien bei Kompromissbereitschaft zu diesem Zeitpunkt sehr wahrscheinlich, dennoch reiste Hodur noch vor einer Unterredung mit dem Papst zurück nach Pennsylvania. Dort erreichte ihn ein Schreiben der Kurie, in dem ein Mitspracherecht bei der Gemeinde- und Vermögensverwaltung in Aussicht gestellt wurde. Hodur verlas den Brief von der Kanzel in Scranton und verbrannte ihn vor der Gemeinde. Er ließ am folgenden Tag seine Gemeinde als „Polnische Reformierte Kirche" staatlich registrieren. Weihnachten 1900 zelebrierte er erstmals den Gottesdienst in polnischer Sprache. 1904 wurde Hodur von der Synode seiner Kirche einstimmig zum Bischof gewählt. Es gelang ihm, auch andere schismatische polnische Gemeinden in seine Gemeinschaft zu integrieren, darunter auch die Reste des von Kozlowski einige Jahre zuvor gegründeten Bistums. Im September 1907 wurde er in Utrecht von Erzbischof Gul zum Bischof geweiht.

Hodur war ein guter Organisator, der der katholischen Soziallehre anhing und den polnischen Arbeitern in Amerika eine religiöse und soziale Heimat anbot. Unter seiner Leitung erstarkte die Polnisch-Katholische Nationalkirche. Dabei wurden nationalpolnische Traditionen gepflegt. Es kam zur Gründung einer Sozialversicherungsanstalt und eines Altenheimes. Das Sprachrohr der Polnish-National Catholic Church (PNCC) wurde die Kirchenzeitung „Rola Boza" (Gottes Feld), die bis heute erscheint.[*] Neben der polnisch-nationalkatholischen Kirche in den USA hat es in der ersten Hälfte des 20. Jahrhunderts weitere Unabhängigkeitsbewegungen exil-europäischer Katholiken gegeben, die sich unter dem Dach der PNCC organisiert haben und zeitweise eigene Bistümer innehatten, z.B. die „Slowakische Katholische Nationalkirche" oder die „Litauische Katholische Nationalkirche in Amerika", die unter der Jurisdiktion der PNCC standen.

Allerdings waren die theologischen Äußerungen und Veröffentlichungen häufig fragwürdig. Unkatholische und unbiblische Inhalte flossen in die kirchlichen Lehrbücher der PNCC ein. So erklärte etwa die Synode 1921 das Predigen und das Hören des Wortes Gottes zum Sakrament – um nicht die Siebenzahl der Sakramente aufzugeben, wurden im Gegenzug Taufe und Firmung zu einem Sakrament zusammengezogen.

Exkurs: Theologisch ist diese Akzentverschiebung im Sakramentsverständnis durchaus stichhaltig: in bewusster Abgrenzung zu den Kirchen der Reformation, in denen – wiederum als Gegenbewegung zur katholischen bild- und symbol-

---

[*] Allerdings konnte sie in jüngster Zeit aufgrund personeller Schwierigkeiten nicht regelmäßig erscheinen.

reichen Frömmigkeit – „sola scriptura" (allein die Schrift), also nur die Bibel als Offenbarungsquelle galt, war die katholische Messe zu Beginn des 20. Jahrhunderts noch durch eine Geringachtung des Wortgottesdienstes geprägt. Insofern kann die Entscheidung der PNCC als gerechtfertigter Versuch verstanden werden, die zentrale Bedeutung der Bibel auch sakramental herauszustellen. Als Sakrament wird eine Heilshandlung der Kirche verstanden, in der Gott besonders wirkt – als ein Ort gleichsam, wo man Gott begegnet. In diesem Sinne kann das Verkündigen, Hören und Auslegen des Wortes Gottes tatsächlich als ein „Sakrament" verstanden werden. Der deutsche Altbischof Sigisbert Kraft betont, „dass die Feier der Eucharistie in den frühen Gemeinden mit dem Lesen und Hören aus der Heiligen Schrift verbunden war. Im Wortgottesdienst spricht Gott uns an."[51] Diese Ansprache ist ein Sakrament: „,Das Wort ist Fleisch geworden' (Joh 1, 14) gilt nicht nur für Gottes Sohn, sondern ebenso für die heilige Schrift.", stellt er heraus. [51]

Auf der anderen Seite ist auch die Zusammenfassung von Taufe und Firmung zu einem einzigen Sakrament nicht abwegig. In der Firmung bekräftigt der heranwachsende Mensch aus eigener Verantwortung die Tauf-Entscheidung zur Nachfolge Jesu, die beim unmündigen Kleinkind die Eltern und Paten getroffen haben. Die Aufspaltung in zwei Sakramente entwickelte sich im Laufe der Kirchengeschichte erst mit der Verbreitung der Kindertaufe, so dass die alt-katholische Orientierung an der Alten Kirche eine „Wiedervereinigung" beider Heilshandlungen sogar nahe legt: „In der alten Kirche wurde die Firmungssalbung und -handauflegung stets in kurzem zeitlichen Abstand von der Taufe gespendet. In den orthodoxen Kirchen ist dies heute noch der Fall. Im Mittelalter entwickelte sich in den westlichen Kirchen die Firmung nach zunehmendem Brauch der Kindertaufe zu einem davon zeitlich losgelösten sakramentalen Akt.", erklärt Krafts Nachfolger Bischof Joachim Vobbe. [52]

Der Rekurs des Altkatholizismus auf die Kirche des ersten Jahrtausends hätte allerdings eine Vielzahl anderer Sakramente denkbar gemacht. In der Tradition der Kirche wurde vor der Festlegung auf die Siebenzahl „eine Vielzahl zeichenhafter Handlungen Sakrament genannt, so die Salbung der Könige, die Weihe von Kirchen, viele Segnungen und der Eid. ... So wird auch die Predigt des Evangeliums als ,Sakrament' bezeichnet, wie es etwa die (alt-katholische) Polnische Nationalkirche in den USA tut.", bemerkt Kraft.[53] Die Festlegung der Siebenzahl der Sakramente ist erst 1439 durch das Konzil von Ferrara-Florenz festgelegt worden – jener Kirchenversammlung also, die aus alt-katholischer Sicht ein Bruch mit dem Prinzip des Konziliarismus war, das zuvor von den Synoden in Konstanz und Basel festgeschrieben worden war. Dem Papst war es gelungen, das Basler Konzil zu sprengen: Die päpstliche Minderheit zog mit dem Papst 1438 nach Ferrara und dann nach Florenz, um dort entsprechend papistische Interessen durchzusetzen. Die alt-katholische Orientierung an der

Alten Kirche hätte somit die Festlegung auf die Siebenzahl verwerfen können, da dies erst eine Entwicklung des Mittelalters war. Ähnlich hatte man etwa bei der Abschaffung des Zölibats argumentiert. „Wir erkennen an, dass die Zahl der Sakramente erst im 12. Jahrhundert auf sieben festgesetzt und dann in die allgemeine Lehre der Kirche aufgenommen wurde, und zwar nicht als eine von den Aposteln oder von den ältesten Zeiten kommende Tradition, sondern als das Ergebnis theologischer Spekulation.", stellte die I. Unionskonferenz 1874 in Bonn fest. [54]

Auch das päpstliche Konzil von Ferrara-Florenz hatte Verhandlungen mit der Ostkirche in der Absicht einer Wiedervereinigung der Kirche aufgenommen; damals wurden zweifelhafte Kompromissformeln gefunden, die aber langfristig nicht rezipiert wurden. Insbesondere in der „Filioque"-Frage* und im Eucha-

---

* Inhaltlich ging es beim „Filioque"-Streit um einen Zusatz im Glaubensbekenntnis vom ersten allgemeinen Konzil in Nizäa 325, wonach der Heilige Geist „aus dem Vater *und dem Sohn"* (‚Filioque') hervorgehe. Ursprünglich lautete die Formulierung lediglich „aus dem Vater". Inhaltlich war es in Nizäa um die christologische Frage nach der Göttlichkeit Christi gegangen, insbesondere wurde die Vorstellung verurteilt, Christus sei Gottvater untergeordnet (Subordinatianismus) – eine theologische Position, die die Arianer (nach dem alexandrinischen Presbyter Arius) vertraten. Bereits kurz nach Nizäa kam es zu erneuten dogmatischen Auseinandersetzungen um die „trinitarische Frage", jetzt um die Stellung des Heiligen Geistes zu den göttlichen Personen Vater und Sohn. Norbert Brox bemerkt: „Während der gesamte lateinische Westen, zusammen mit Ägypten, in einer auffallenden Sicherheit und Problemlosigkeit an Nizäa festhielt und die einschlägigen Fragen in einer vergleichsweise schlichten und treffsicheren Art relativ früh im späteren konziliaren Sinn beantwortet hatte, wurden die harten Debatten um die Trinität in ihrer enormen spekulativen Kompliziertheit in den Kirchen des Ostens ausgetragen. Sie entstanden aus griechischen Fragen und wurden in den Bahnen griechisch-philosophisch interessierten Denkens geführt."[55] In diesem „späteren konziliaren Sinn" geht der Heilige Geist auch vom Sohn aus, im Glaubensbekenntnis schlich sich im Westen demgemäß der Zusatz „Filioque" ein.

Die Griechen beharrten hingegen auf Bestimmungen des dritten ökumenischen Konzils in Ephesus, wonach kein anderes als das in Nizäa beschlossene Glaubensbekenntnis verwendet werden dürfe, also auch keines, das durch Zusätze verändert sei. Die inhaltliche Aussage, dass der Heilige Geist auch vom Sohn ausgehe, war nicht das primäre Streitthema. (Das biblische Zeugnis ist in dieser Frage uneinheitlich; insbesondere das spirituell-mystisch gefärbte Johannesevangelium macht Angaben zur Aussendung des Heiligen Geistes, die jedoch zum Teil widersprüchlich sind: nach Joh 14, 26 wird der *Vater* den Geist *in Jesu Namen* senden; nach Joh 15, 26 wird *Jesus* den Geist *vom Vater aus* senden und nach Joh 20, 22 haucht der *auferstandene Jesus selbst* die Jünger an mit den Worten „Empfangt den Heiligen Geist!"). Die orthodoxe Kritik sah gleichwohl im nachträglichen Einschub „Filioque" eine unerlaubte Veränderung des Symbolums. Dies wurde im Osten als symptomatisch für die vermeintliche westkirchliche Bevormundung gesehen. Am „Filioque" entzündeten sich daher enorme antirömische Ressentiments, so dass dieser Zusatz schließlich zur formalen Ursache des Schismas zwischen der Ost- und der Westkirche wurde.

ristieverständnis (Epiklese) gelang keine wirkliche Verständigung. Als geistige Erben des Konziliarismus bestand bei den Alt-Katholiken von Anfang an der Anspruch, die damals am päpstlichen System gescheiterten Unionsverhandlungen mit den Orthodoxen neu zu beleben. *

Die beiden Entscheidungen der PNCC, einerseits die Predigt zu einem Sakrament zu erheben und andererseits Taufe und Firmung zusammenzufassen, um die Siebenzahl beizubehalten, sind zwar jeweils für sich genommen nachvollziehbar – die Verbindung beider Aspekte ist jedoch wenig überzeugend und mutet wie ein Formelkompromiss an. Wenn die Beschlüsse der Konzile von Florenz-Ferrara und des gegenreformatorischen Tridentinums (1545 und 1563), wo die Siebenzahl der Sakramente bestätigt wurde, von alt-katholischer Seite nicht als verbindlich anerkannt werden, da dies keine allgemeinen Synoden waren, dann kann schlecht der Provinzsynode einer kleinen Teilkirche wie der PNCC die Autorität zuerkannt werden, die Zuordnung der Sakramente neu festzulegen – zumal die sieben Heilshandlungen (Taufe, Eucharistie, Firmung, Buße, Ehe, Weihe und Krankensalbung) seit mehreren Jahrhunderten im katholischen Glaubensgut verankert sind.

Trotz dieses freizügigen Umgangs mit dem Sakramentsverständnis blieb die PNCC im Vergleich zu den alt-katholischen Schwesterkirchen in Europa jedoch wenig reformorientiert. Noch vor den Auseinandersetzungen um die Frauenordination Ende des 20. Jahrhunderts zeigte sich der Traditionalismus der PNCC v.a. in ihrer Ablehnung der Zölibatsfreiheit. Der Widerstand ebbte nur allmählich ab. Erst 1922 konnten die Priester heiraten. An der Ehelosigkeit der Bischöfe wurde bis 1950 „theoretisch" festgehalten, wobei allerdings eher auf die Befindlichkeiten und Erwartungen des Kirchenvolkes Rücksicht genommen wurde, so dass „Geheimehen" der Bischöfe von der Kirchenleitung geduldet wurden. Die traditionalistische Haltung der PNCC führte zu zunehmenden Spannungen innerhalb der Utrechter Union. Die Einbeziehung der Frauen in den apostolischen Dienst in den alt-katholischen Kirchen konnte die PNCC

---

* Auf der ersten Unionskonferenz mit den Orthodoxen im September 1874 in Bonn gaben die Alt-Katholiken zum Filioque-Streit folgende Stellungnahme ab; „Wir geben zu, dass die Art und Weise, in welcher das Filioque in das nizäische Glaubensbekenntnis aufgenommen wurde, ungesetzlich war." Fast 100 Jahre später stellte die IBK dann offiziell fest: „Dieser Überzeugung gemäß haben alle Kirchen der Utrechter Union durch offizielle Entscheidungen ihres Lehramtes im Laufe der Zeit das Filioque aus den offiziellen und einzig zugelassenen Glaubensbekenntnissen entfernt." (aus einer Erklärung der IBK von 1970).

Auch das orthodoxe Eucharistieverständnis, wonach die Herabrufung des Heiligen Geistes zur Konsekration der Gaben erforderlich sei, hat der Alt-Katholizismus aufgegriffen, allerdings ist die Epiklese in das Hochgebet eingebettet und nimmt hierin keine hervorgehobene Stellung ein. Nach alt-katholischem Verständnis kommt dem ganzen eucharistischen Hochgebet konsekratorische Kraft zu.

nicht mittragen, da sie ihre Ablehnung der Frauenordination als „Glaubenssache" betrachtete und daher zu keinen Kompromissen bereit war. Bereits die Einführung des Frauendiakonats in den westeuropäischen alt-katholischen Kirchen in den 80er Jahren des 20. Jahrhunderts führte zu massiven Irritationen mit unterschiedlicher Auslegung gemeinsamer Beschlussfassungen der IBK diesseits und jenseits des Atlantiks. Die weitere Entwicklung ist nachstehend als „Krise der Utrechter Union" nachgezeichnet, die zur Trennung zwischen der Utrechter Union und der PNCC führte.

Die Befugnisse des Primas-Bischofs sind im Vergleich zu anderen alt-katholischen Kirchen sehr groß, so dass sich auch in der deutlich zentralistischen Struktur der Kirche ein traditionell von oben gelenktes Kirchenverständnis widerspiegelt. Insofern ist nicht verwunderlich, dass die ökumenischen Bemühungen der PNCC hauptsächlich der römisch-katholischen Kirche gelten, während man etwa die Sakramentsgemeinschaft zur anglikanischen Episcopal Church der USA (ECUSA) wegen der Frauenordination aufgekündigt hatte (s.u.). 1997 veröffentlichten die Bischöfe der PNCC Richtlinien für den Sakramentsempfang ihrer Gläubigen in der römisch-katholischen Kirche. Hierbei handelt es sich allerdings nicht um ein Abkommen auf Gegenseitigkeit, „die römisch-katholische Kirche bleibt auf Distanz, da diese in den USA wesentlich progressiver als die PNCC ist." – eine solche (aus europäischer Sicht fast paradoxe) Einschätzung zieht Matthias Ring in der Januar-Ausgabe 2004 von *Christen heute.*[2]

Der polnisch-katholische Zentralismus in den USA stieß allerdings auch innerhalb der eigenen Kirche auf Widerstand und provozierte Autonomiebestrebungen. In Kanada wuchs der Unmut über die Entwicklung in der PNCC. Die kanadische Diözese strebte seit längeren ihre Eigenständigkeit an, ihr damaliger Bistumsadministrator Ante Nikolic hatte in der Vergangenheit die Absicht einer kirchlichen Unabhängigkeit mit Aufnahme in die Utrechter Union bekundet. Die Gemeinde von Toronto wurde nach dem Bruch der PNCC mit der Utrechter Union 2003 unter den „Schutz des Erzbistums Utrecht" gestellt, bis weitere Regelungen getroffen werden können. 2009 hat sich die kanadische Gemeinde jedoch wieder der amerikanischen Mutterkirche angeschlossen. Auch in ihrer sozialen Struktur hat sich die PNCC seit ihren Gründerjahren durch Franz Hodur deutlich verändert. Angela Berlis gibt in einem Porträt in *Christen heute* aus dem Jahr 2000 über den damaligen PNCC-Bischof der Zentraldiözese, Casimir Grotnik (heutiger Bischof: John Mack), dessen Einschätzung über die internen Veränderungen der PNCC wider: „Nach dem Zweiten Weltkrieg nahm die Mobilität unter den Kirchenmitgliedern enorm zu; so seien seitdem etwa aus Scranton siebzig Prozent der ursprünglichen Kirchenmitglieder verzogen. Manche hätten neue Gemeinden gegründet, andere hätten sich bestehenden angeschlossen. Der alte, enge Gemeindezusammenhang sei aufgerissen worden. Unter diesen Umständen sei es besonders wichtig, missionarisch unter den eigenen Mitgliedern tätig zu sein und ihnen den christlichen Glauben und die Anliegen der eigenen Kirche zu vermitteln."[56] Längst ist Polnisch nicht mehr die Muttersprache aller PNCC-Mitglieder, so dass man mittlerweile auch Gottesdienste auf Englisch und in einigen Gemeinden sogar auf Spanisch feiert.

Die PNCC ist in vier US-amerikanische Diözesen und eine kanadische Diözese unterteilt. Die US-Diözesen sind Buffalo-Pittsburg, eine West-, eine Ost- und eine Zentral-Diözese, deren Zentrum Scranton ist, wo sich auch der Sitz der theologischen Ausbildungsstätte „Savonarola Theological Seminary" und des Prime-Bishops befindet; dies ist zur Zeit Anthony Mikovsky. Matthias Ring schätzt die Anzahl der Kirchenmitglieder der PNCC in den USA und in Kanada auf 35.000, er erwähnt jedoch, dass andere Schätzungen von nur noch 10.000 Mitgliedern ausgehen (siehe hierzu die Anmerkungen im Vorwort zur ersten Auflage).

Die PNCC hat als Reaktion auf das Ausscheiden aus der Utrechter Union ihrerseits einen internationalen Zusammenschluss rom-freier katholischer Kirchen versucht, welcher sich „Union von Scranton" nennt. Neben den eigenen Bistümern werden hierzu eine sog. „Nordisch-Katholische Kirche" (NKK) gezählt, die im Jahr 2000 unter der Jurisdiktion der PNCC in Norwegen gegründet wurde sowie angebliche Gemeinden in Frankreich, Polen und Italien. Nachdem es 2010 in der deutsche Kirche zur Trennung von der Zisterziensergemeinschaft Port Royal um deren Abt Klaus Schlapps gekommen war (vgl. hierzu die Anmerkungen im Vorwort zur zweiten Auflage), hat sich auf dessen Initiative 2012 in München die erste sogenannte „christ-katholische Gemeinde" gegründet, die der Nordisch-Katholischen Kirche (NKK) untersteht.

Die Kirche der Mariaviten
(Mitglied der Utrechter Union von 1909 bis 1924)

Eine weitere polnischstämmige alt-katholische Kirche, die die Utrechter Union wieder verlassen hat, ist die alt-katholische Kirche der Mariaviten. Der Name ist abgeleitet vom lateinischen „Mariae vita" (Leben Marias). Als Begründerin der Mariaviten gilt Maria Franciszka Kozlowska, eine römisch-katholische Nonne, die 1862 in Polen geboren wurde und 1921 starb. 1893 soll sie eine Vision gehabt haben, wonach sie eine Priester-Kongregation gründen sollte, deren Mitglieder nach dem Vorbild der Mutter Gottes leben sollten. Zusammen mit einigen Priestern rief sie in der Folge die mönchisch-kirchliche Gemeinschaft der Mariaviten ins Leben, die zunächst innerhalb der römisch-katholischen Kirche existierte. In der Anfangsphase musste die Bewegung wegen der politischen Umständen in Polen geheim bleiben; das Königreich Polen war 1863 vom russischen Zarenreich annektiert worden, seither erfolgte eine Politik der so genannten „Russifizierung": die freie Religionsausübung der katholischen Bevölkerung war unter der orthodoxen Zarenherrschaft eingeschränkt.

Neben einer Männer- und einer Frauenkongregation lebten auch Laien in dieser kirchlichen Gemeinschaft, die sich weitgehend an den Ordensregeln der Franziskaner orientierten. Sie kümmerten sich hauptsächlich um die Armenfürsorge; theologisch betonten sie die Eucharistie und die Anrufung der Mutter Gottes. Die Ordensbrüder lebten nicht abgeschlossen in Klöstern, sondern leisteten als Weltpriester pastorale Arbeit als Pfarrer u.ä.; sie lebten nach asketischen Idealen und verlangten schon damals keine Gebühren für religiöse Dienste. Die Mariaviten waren daher einigen Teilen des polnischen römisch-katholischen Klerus (einschließlich einiger Bischöfe) suspekt, die eigene Vorrechte und Privilegien bedroht sahen. Man unterstellte ihnen, eine „reformatorische Bewegung" zu sein. Die Mariaviten wandten sich daher zunächst selbst an Papst Pius X. mit der Bitte um Anerkennung ihrer Gemeinschaft. Pius, der den Anliegen der Mariaviten zunächst aufgeschlossen gegenüber gestanden war, exkommunizierte sie schließlich 1906 aufgrund der Einflussnahme polnischer Bischöfe.

Durch die Exkommunikation waren die Mariaviten ungeschützt: die russische Besatzungsmacht zwang die Mariaviten, ihr gesamtes Vermögen einschließlich ihrer Immobilien aufgeben. Sie mussten neue eigene Kirchengebäude errichten und das gesamte Gemeindeleben von Grund auf neu organisieren. Es gelang ihnen in den folgenden Jahren, Kirchen, Schulen, Waisenhäuser und soziale Einrichtungen für Arbeitslose und Arme aufzubauen. 1908 wurde die Muttersprache in der Liturgie eingeführt. Die Mariaviten suchten in dieser Situation Kontakt zur Utrechter Union. Wieder war es der Utrechter Erzbischof Gerardus Gul, der 1909 den mariavitischen Priester und Vertrauten Kozlowskas, Johann

Kowalski zum Bischof der „altkatholischen Kirche der Mariaviten" weihte, die Mitglied der Utrechter Union wurde.

Allerdings nahm in der Folge die Kirchenführung unter dem mittlerweile als „Erzbischof" auftretenden Kowalski zunehmend diktatorische und psychopathologische Züge an. Kowalski forderte von den Mitgliedern seiner Kirche, die „Privatoffenbarungen" der Gründerin Maria Franciszka Kozlowska als verpflichtende Glaubensinhalte anzunehmen. Schließlich verlangte er von den zu diesem Zeitpunkt noch zölibatär lebenden Priestern seiner Gemeinschaft, mit mariavitischen Ordensschwestern, die er jeweils selbst auswählte, „mystische Ehen" einzugehen, um so „erbsündenfreie Kinder" zu zeugen. Diese Entwicklung war einerseits der Grund dafür, dass die Bischöfe der Utrechter Union die Mariaviten bereits 1924 wieder aus ihrer Gemeinschaft ausschlossen. Andererseits gerieten die Mariaviten in Polen selbst immer stärker unter Druck durch den römisch-katholischen Klerus. Der endgültige Bruch mit dem katholischen Amtsverständnis wurde vollzogen, als Kowalski 1929 seiner eigenen Frau die Bischofsweihe erteilte (also 67 Jahren vor der ersten synodal beschlossenen altkatholischen Priesterinnenweihe in Deutschland!). Die Generalsynode der Mariaviten enthob Kowalski schließlich 1935 seines Amtes. Er wurde von den Nationalsozialisten ins Konzentrationslager Dachau deportiert und 1942 in der Tötungsanstalt Hartheim bei Linz ermordet. Durch seine Absetzung wurde die mariavitische Bewegung in zwei Lager gespalten; die Minderheit der Anhänger von Erzbischof Kowalski gründete 1935 ihre eigene „Katholische Kirche der Mariaviten" mit Sitz in Felicjanów bei Płock, sie werden daher auch „Felicjanów-Mariaviten" genannt. Die Mehrheit der Mariaviten wandte sich von den schwärmerischen Ansichten ihres früheren Erzbischofs ab. Sie heißen bis heute „alt-katholische Kirche der Mariaviten" und haben ihr religiöses Zentrum in Płock, wo vor dem Ausbruch des Ersten Weltkrieges der „Mariavitische Dom" eingeweiht wurde. In dem Gebäude befanden sich auch ein Männer- und ein Frauenkloster.

Der Zweite Weltkrieg und die deutsche Besatzung fügten der mariavitischen Kirche schweren Schaden zu. Neben Kowalski wurde zahlreiche weitere Geistliche und Gläubige inhaftiert und ermordet. Die Zahl der Mariaviten verringerte sich beträchtlich, viele Kirchengebäude wurden im Krieg zerstört oder später von der kommunistischen Regierung verstaatlicht.

Exkurs: *Berührungspunkte zwischen den deutschen alt-katholischen Gemeinden in Schlesien und den Mariaviten gab es nicht nur, als diese noch Mitglied der Utrechter Union waren. Wie im Kapitel über die alt-katholische Kirche in Deutschland am Beispiel der Gemeinde Kattowitz exemplarisch geschildert wird, kam es mehrfach zum Wechsel der kirchlichen Zuständigkeit im Gebiet Schlesiens. Johannes Urbisch erwähnt für das Jahr 1922, dass der besagte*

Mariaviten-Bischof Kowalski „im Einvernehmen mit [dem deutschen alt-katholischen] *Bischof Dr. Moog in Bonn für die weitere Seelsorge in der Gemeinde Kattowitz Sorge tragen wird".*[57]

Urbisch führt weiter aus, dass auch nach dem Zusammenbruch des Dritten Reiches, also etwa 20 Jahre nach dem Ausscheiden der mariavitischen Kirche aus der Utrechter Union, die Seelsorge der deutschen alt-katholischen Gemeinden, „oder besser gesagt, das was noch von ihnen übrig geblieben war", wieder den Mariaviten anvertraut worden sei.[57] *Urbisch zitiert seinerseits Edmund Plazinski, der schreibt: „Nach der Besetzung Schlesiens durch die sowjetischen Truppen und der Übernahme der Verwaltung durch die polnischen Behörden wurden die deutschen alt-katholischen Gemeinden der Seelsorge der Mariaviten von Plock unterstellt. Diese verzichteten darauf, die mariavitischen Grundsätze einzuführen. Sie billigten den Gemeinden eine gewisse Autonomie zu und bestellten in dem Priester Zygmunt Szypold einen eigenen Bischof, der am 13. April 1947 durch den Mariaviten-Bischof Prochniewski unter Assistenz von Thomas Fehervary* und Waclaw Bartlomiej Przysiecki in Lodz zum Bischof geweiht wurde. "*[58]

Nach dem Krieg erfolgte ein beachtlicher Wiederaufbau. Die Kirche zählt nach eigenen Angaben heute wieder 25.000 Mitglieder in Polen, sie ist in drei Diözesen eingeteilt. Hinzu kommen einige Gemeinden in Frankreich. Die Kirche ist nicht in dem Sinn bischöflich-synodal strukturiert wie generell in den altkatholischen Ortskirchen, sondern hat noch starke Züge eines geistlichen Ordens. Das führte auch dazu, dass es in der mariavitischen Tradition leicht zu Bischofsweihen gekommen ist, die keine wirklich ortskirchlich-territoriale Basis haben. Die Altkatholische Kirche der Mariaviten war Gründungsmitglied des Ökumenischen Rates in Polen und gehört dem Ökumenischen Rat der Kirchen und der Konferenz Europäischer Kirchen an. Die alt-katholischen Mariaviten haben vor über 40 Jahren einen Wiederaufnahmeantrag in die Utrechter Union gestellt, der 1972 von der IBK „wohlwollend" geprüft wurde.

---

* Fehervary ist ein ungarischer „Vagantenbischof" (angebl. der „altkatholischen Kirche in Ungarn"), der seine Sukzession seinerseits von den Mariaviten ableitet. In Deutschland wurde 2004 die Abtei St. Severin in das alt-katholische Bistum aufgenommen, die sich als deutsche Niederlassung des Ordens „Port Royal" versteht. Dieser Orden geht auf den Vagantenbischof Julius Czernohorsky (wie sich Thomas Fehervary nannte) zurück, der 1964 auch den damaligen alt-katholischen Pfarrverweser von Bielefeld, Max Rade-macher, konsekriert hatte. Rademacher kehrte allerdings bereits 1965 in die römische Kirche zurück. Der Orden um Abt Klaus Schlapps trennte sich einvernehmlich mit dem neuen deutschen Bischof Matthias Ring im Oktober 2010 von der deutschen alt-katholischen Kirche. Im Januar 2012 hat sich die Abtei der Jurisdiktion der Nordisch-Katholischen Kirche unterstellt (vgl. hierzu den Schlussabsatz des Kapitels zur PNCC).

Noch immer steht eine Entscheidung aus, aber seit vielen Jahren werden die Płock-Mariaviten als „befreundete Kirche" der Utrechter Union angesehen.

In den letzten Jahren ist der Kontakt zu den Płock-Mariaviten intensiviert worden. Im Communiqué der IBK vom Juni 2010 heißt es: „Die Internationale Altkatholische Bischofskonferenz (IBK) hat in ihrer Sitzung im Februar 2009 in Karlik/CZ beschlossen, den leitenden Bischof der Altkatholischen Kirche der Mariawiten in Polen als Gast an seine jährlichen Zusammenkünfte einzuladen." Über den Besuch des emeritierten Bischofs Jaworski auf der IBK-Tagung des Folgejahres in Wislikofen heißt es: „Bischof Jaworski berichtete ausführlich über das Leben der Mariawitischen Kirche in Polen, was zu einer fruchtbaren Diskussion führte. Er nahm auch an den allgemeinen Beratungen der IBK teil. Die Zusammenarbeit gab zur Hoffnung Anlass, dass der gemeinsame Dialog in absehbarer Zeit zu einem erfolgreichen Abschluss, d.h. zu einer Wiederaufnahme der Mariavitischen Kirche in die Utrechter Union führen wird."[59]

Neben den offiziellen Kontakten der Kirchenleitungen ist es in den letzten Jahren auch vermehrt zu Begegnungen auf der Ebene der Gläubigen gekommen. So nahmen Mitglieder der mariavitischen Kirche an Treffen des Laienforums statt. Anlässlich der Konsekration des neuen Mariavitenbischofs Kubicki für das mariavitische Bistum Lublin-Podlaska in der Plocker „Kathedrale der Liebe und Barmherzigkeit" im Juni 2010 waren Vertreter alt-katholischer Schwesterkirchen anwesend. Der Berliner Alt-Katholik Alfons Fischer schildert in der deutschen Kirchenzeitung: „Bei der Bischofsweihe mit Eucharistiefeier war die Kathedrale völlig überfüllt. Viele zum Teil mit großen Bussen angereiste Mariaviten mussten stehen und konnten nur vor der Kathedrale der Weihehandlung beiwohnen. Unter den eingeladenen Gästen waren unter anderen als Vertreter der alt-katholischen Utrechter Union der emeritierte Bischof Bernhard Heitz aus Österreich sowie auch Alt-Katholiken aus Deutschland."[60]

Als Haupthindernis für die angestrebte Vollmitgliedschaft der Mariaviten in der Utrechter Unon wird der Widerspruch zur Ortskirchen-Ekklesiologie gesehen, die im Statut der IBK aus dem Jahr 2000 festgeschrieben wird, wonach in einem Zuständigkeitsgebiet nur jeweils eine alt-katholische Ortskirche existiert. In Polen ist dies die Polnisch-Katholische Kirche. Ein weiteres Hindernis ist laut Urs von Arx seit je die für Außenstehende nicht wirklich transparente Bedeutung bestimmter theologischer Meinungen und Frömmigkeitspraktiken.

Exkurs: *Darüberhinaus dürfte es der mariavitischen Kirche aufgrund ihrer besonderen Marienfrömmigkeit Schwierigkeiten bereiten, die „Utrechter Erklärung" von 1889 zu unterschreiben. Hier heißt es ausdrücklich unter Punkt 3: „Wir verwerfen auch, als in der Hl. Schrift und der Überlieferung der ersten Jahrhunderte nicht begründet, die Erklärung Pius IX. vom Jahre 1854 über die unbefleckte Empfängnis Mariä."[61]*

Die Kroatische Altkatholische Kirche

Eine weitere alt-katholische Kirche, die sich aus nationalistischen Motiven gründete, ist die Kroatische Altkatholische Kirche. Kroatien gehörte bis zum Ersten Weltkrieg zu Österreich-Ungarn. Nach der Niederlage der Achsenmächte und dem Zerfall der Habsburger-Monarchie wurde auf dem Balkan der neue Staat „Jugoslawien" geschaffen aus dem mehrheitlich katholischen Kroatien und dem orthodoxen Serbien sowie weiteren kleineren Ländern (Slowenien, Montenegro u.a.). Italien, das 1915 an der Seite der Entente-Mächte in den Ersten Weltkrieg eingetreten war, bekam im Friedensvertrag von Saint Germain große Landgewinne aus der Konkursmasse Österreich-Ungarns zugesprochen, neben Südtirol auch Teile Kroatiens, z.B. Dalmatien und das Gebiet von Fiume (heutiges Rijeka) mit seinem Hafen.

Dies führte bei Teilen der kroatischen Katholiken zu starken antiitalienischen Ressentiments, so dass man auch dem Papst als „italienischem Kirchenoberhaupt" die Gefolgschaft kündigte. Hinzu kam, dass der Antrag einiger kroatischer römisch-katholischer Priester beim Papst, die Messe in der kroatischen Nationalsprache feiern zu dürfen, von diesem abgelehnt wurde. Hier war im Volk noch der jahrhundertealte alt-slawische „glagolitische Ritus" verankert. Die 1924 erfolgte Aufnahme der Altkatholischen Kirche Kroatiens in die Utrechter Union hatte hier seitens des Bischofs Marko Kalogjera, des ehemaligen Kanonikus an der Kathedrale in Split, ihren tiefsten Beweggrund, nachdem die Päpste Benedikt XV. (1914-22) und Pius XI. (1922-39) die Verwendung des glagolitischen Ritus in der Liturgie verboten hatten. Unter den katholischen Nationalisten bildete sich eine eigene Bewegung mit Zentrum in Zagreb, die die kirchliche Unabhängigkeit anstrebte und den Priester Marko Kalogjera zum Bischof wählte. Man wandte sich an die Utrechter Union mit der Bitte um Aufnahme und Einbindung in die apostolische Sukzession. Der Utrechter Erzbischof Franciscus Kenninck weihte Kalogjera 1924 zum Bischof der Kroatischen Altkatholischen Kirche.

Georg Spindler berichtet in einem Beitrag der deutschen Kirchenzeitung 2010: „Anfang des 20. Jahrhunderts entstand dann eine mächtige alt-katholische Bewegung unter dem späteren Bischof Marko Kalogjera, die bis zu 60.000 Gläubige zählte, dann aber unter der faschistischen Herrschaft unter tatkräftiger Mitwirkung der damals mächtigen römisch-katholischen Kirche fast aufgerieben wurde und nur mehr in kleinen Restgemeinden weiterlebte. Aber sie lebt weiter, sie ist aktiv und einladend und derzeit ist ein großer Aufschwung zu spüren."[62]

Die jugoslawische Regierung unterstützte diese Kirchengründung unter der Vorstellung, damit den Einfluss der römisch-katholischen Kirche in Kroatien zu schwächen. Bischof Kalogjera verwickelte sich in verschiedene Affären, so dass die Utrechter Union sich 1933 entschloss, ihn aus der IBK auszuschließen. U.a.

setzte er ein „Ehegericht" ein, das gegen entsprechende Bezahlung kirchliche Ehen annullierte. Seine Person führte in der Folge zu einer Spaltung der kroatischen alt-katholischen Kirche. Die Kirche war seit 1934 in zwei Gruppen gespalten: die von der IBK anerkannte Gruppe um Bischof Cerovski mit seinem Generalvikar Dr. Donkevic (gestorben 1941 im KZ) und die von der königlichen Regierung unterstützte Kalogjera-Gruppe.

Wie Georg Spindler schreibt, zerrieb der Zweite Weltkrieg die verbleibende alt-katholische Kirche Kroatiens fast völlig. Im Frühjahr 1941 wurde Jugoslawien gezwungen, dem faschistischen Dreimächtepakt beizutreten. Es kam zum Putsch in Serbien und die neue Regierung widersetzte sich dem Bund mit den Achsenmächten. Daraufhin weitete Hitler den gegen Griechenland gerichteten Balkanfeldzug auf Jugoslawien aus. Jugoslawien wurde zersplittert: Serbien wurde der deutschen Militärverwaltung unterstellt, weitere Gebiete wurden unter den Nachbarstaaten aufgeteilt. Aus dem Territorium Kroatiens und Bosnien-Herzegowinas wurde ein Satellitenstaat errichtet, der so genannte „Unabhängige Staat Kroatien", an dessen Spitze der von Mussolini unterstützte Faschist Ante Pavelic stand, der für ein selbständiges Kroatien kämpfte.

Nach Ende des Krieges kam es in Jugoslawien zur Gründung autonomer katholischer Kirchen in Kroatien, Serbien und Slowenien, die einen „Bund alt-katholischer Kirchen in Jugoslawien" bildeten, mit je einem eigenen Bischof an der Spitze. Der Bischof der slowenischen Kirche war noch von Kalogjera geweiht worden, der serbische Bischof erhielt seine Konsekration über die polnischen Mariaviten. Die Utrechter Union stand jedoch nur mit dem kroatischen alt-katholischen Bischof in Beziehung. Zuletzt wurde im Jahre 1961 Bischof Vilim Huzjak für die kroatische alt-katholische Kirche geweiht. Dieser trat auf Bitten der IBK 1973 zurück, da der innerkirchliche Frieden in der Dreier-Konföderation (Kroatien, Serbien, Slowenien) und zwischen den Gruppen um die jeweiligen Bischöfen Huzjak, Marko Kalogjera, Vladimir Kos, Milan Dobrovoljac, Antun Kovacevic, Radovan Jost u.a. nicht hergestellt werden konnte. Seit Huzjaks Rücktritt 1973 ist das Bischofsamt in der kroatischen alt-katholischen Kirche vakant.

Nach 30 Jahren Unterbrechung wurde um die Jahrtausendwende die Synodentradition wieder aufgenommen; aufgrund des Anerkennungsgesetzes von 1874, das erstmalig 1877 auf die Altkatholiken in der Donaumonarchie angewandt wurde, konnte die staatliche Anerkennung für Kroatien und Bosnien als nunmehr selbständige Nachfolgestaaten erreicht werden. In Kroatien folgt daraus auch eine finanzielle Unterstützung, u.a. für den Unterhalt der Geistlichen.[63] Nach dem Zerfall Jugoslawiens und den nationalistischen Kriegen und Massenmorden auf dem Balkan Ende des 20. Jahrhunderts kam es zu einem Wiederaufbau der alt-katholischen Kirche Kroatiens, die sich seit Ende der 70er

Jahre im Sinne der skizzierten nationalkirchlichen Betonung „Kroatische Katholische Kirche" (KKK) nannte. Eine Synode in Zagreb entschied sich 2002, den ursprünglichen Namen „Altkatholische Kirche" wieder zu tragen. Ivo Hršak schreibt im christkatholischen Jahrbuch 2002: „Der Grund dafür war nicht nur die Tatsache, dass unsere Kirche der Utrechter Union der Alt-katholischen Kirchen angehört, sondern auch, weil wir in unserem Land die altkatholische Lehre wirklich aufrechterhalten. Die große Mehrheit der Katho-liken in Kroatien ist römisch-katholisch und sie nennen sich selbst ‚Katholiken'. Deswegen brachte der alte Name ‚Kroatische Katholische Kirche' mehrmals Identifikationsprobleme mit sich."[64]

Im selben Beitrag erwähnt Hršak, dass es nur noch drei verbliebene Gemeinden in Kroatien und eine in Bosnien gebe; Mitgliederzahlen werden hingegen nicht genannt. Traditionell ist der österreichische Bischof der Delegat der IBK für die kroatische Kirche. Der deutsche Diakon Georg Spindler berichtet in zwei Arti-keln in der deutschen Kirchenzeitung 2010 und 2011 von Pastoralreisen nach Kroatien, bei denen er die österreichischen Bischöfe begleitete: „Meine Aufgabe bestand darin, sowohl die Predigten und Ansprachen der beiden Bischöfe als auch sonst alles an Gesprächen zu übersetzen, was wichtig war. Außerdem fuhr ich die gesamte Strecke."[65] Im September 2010 unterstützt er den österreichischen Altbischof Bernhard Heitz bei der Weihe eines Diakons und eines Priesters in Zagreb. Er stellt heraus, dass in der kroatischen Kirche auch in familiärer Hinsicht eine Kontinuität besteht: „Unter den Teilnehmern, Verwandten und Freunden der beiden Neugeweihten befanden sich auch Mitglieder der vier Bischofsfamilien Kalogjera, Huzjak, Kos und Donković. Der derzeitige Vorsitzende des Synodalrats, Prof. Dr. Damir Boras, ist ein Enkel von Bischof Kalogjera."[62]

Spindler berichtet weiter: im folgenden Jahr „fuhr ich mit den beiden Bischöfen Bernhard Heitz und John Okoro erst nach Zagreb, dann nach Dubrave Donje bei Tuzla in Bosnien, dann nach Šaptinovci in Slawonien und dann noch einmal in Kroatiens Hauptstadt, nach Zagreb. Der Grund für diese weite Reise in wenigen Tagen war der Wechsel in der Zuständigkeit. Bischof em. Bernhard Heitz wurde von seiner Verantwortung für die Gemeinden in Kroatien und Bosnien ent-pflichtet und Bischof John Ekemezie Okoro trat die Nachfolge an."[65]

Insgesamt zieht Spindler ein positives Fazit über die Situation der kroatischen Kirche: „Kroatiens Alt-Katholiken leben, wachsen und entwickeln sich weiter. Für mich ist es eine große Freude, an dieser Entwicklung mitwirken zu dürfen. Es ist eine Freude, mitzuerleben, wie die Menschen sich dort für ihre Kirche einsetzen, für eine Kirche, die man schon aufgegeben hatte und der man keine Zukunft mehr zutraute. Gottes Geist wirkt aber nach wie vor in ihr – zum Nut-zen vieler Menschen in diesem Land."[62]

Die Erweiterung der Utrechter Union
(II) durch kirchliche Eigenständigkeit

Die alt-katholische Kirche in der Tschechoslowakei

Nach dem ersten vatikanischen Konzil waren auch in Böhmen und Mähren mehrere alt-katholische Gemeinden entstanden, die zur damaligen österreichischen Doppelmonarchie gehörten. Besonders in der nordböhmischen Industriestadt Warnsdorf (heute: Varnsdorf) wuchs die Gemeinde rasch. In der dortigen alt-katholischen Kirche (ehemalige Kathedralkirche „Verklärung Christi") finden sich noch heute links und rechts am Eingang zwei Tafeln, die die Entstehung der alt-katholischen Gemeinde darstellen: „Am 8. Juli 1871 widersprach der Priester Anton Nittel öffentlich der Lehre von der päpstlichen Unfehlbarkeit und bildete mit 3.000 Angehörigen dieser Stadt eine alt-katholische Gemeinde, welche ihn zu ihrem Priester wählte, sich am 16. März 1872 eine Verfassung gab und im Jahre 1877 staatlich anerkannt wurde. Vorstand des Kirchenrates war der hochverdiente Fabrikant Franz Richter." Auf der linken Seite heißt es: „Erbaut im Jahre 1873 von den Katholiken Warnsdorfs, welche im Glauben ihrer Väter verharrend, sich Alt-Katholiken nannten. Am Weihnachtsfeste 1874 wurde hierin der erste Gottesdienst gefeiert."[66]

Nach Warnsdorf wurde 1896 auch der Sitz der Bistumsleitung der österreichischen Donaumonarchie verlegt. Seit 1877 gab es insgesamt drei Gemeinden: Wien, Warnsdorf und Ried. Um 1900 waren es bereits sieben: nämlich vier weitere in Böhmen: Schönlinde, Arnsdorf, Dessendorf-Tiefenbach, Gablonz.* 1910 waren mittlerweile noch zwei dazugekommen: Graz und Mährisch-Schönberg. Nach dem Ersten Weltkrieg erfolgte durch die Auflösung der österreichisch-ungarischen Doppelmonarchie auch eine Teilung der Kirche in zwei Bistümer: in ein österreichisches mit Sitz in Wien und ein tschechoslowakisches mit Sitz in Warnsdorf. Die tschechoslowakische Regierung erkannte dieses Bistum an.

In der Zwischenkriegszeit herrschten auch in der Tschechoslowakei starke national-kirchliche Tendenzen, die die Abkehr von Rom begünstigten. 1924 wurde der gebürtige Tscheche Alois Paschek zum Bischof gewählt, wodurch auf offizieller Ebene zwischen Kirchenleitung und staatlicher Regierung eine verbesserte Beziehung entstand, während die überwiegende Mehrheit der tschecho-

---

* Nach dem Zweiten Weltkrieg gründeten vertriebene Sudetendeutsche bei Kaufbeuren die Siedlung „Neugablonz"; hier entstand auch eine neue alt-katholische Gemeinde (heute Kaufbeuren- Neugablonz). Die vertriebenen Altkatholiken gründeten insgesamt vier neue Gemeinden in Bayern, neben Neugablonz noch Rosenheim, Weidenberg und Mühldorf/Neuötting/Waldkraiburg (heute zur Gemeinde Rosenheim gehörig). Zwischen der heutigen tschechischen Gemeinde Jablonec und der deutschen alt-katholischen Gemeinde gibt es seit dem Versöhnungsprozess der 90er Jahre jetzt bilaterale Kontakte.

slowakischen Alt-Katholiken Sudentendeutsche waren, die ihrer Sprache und nationalen Identität verbunden blieben. Erst nach 1934 erfolgte begünstigt durch die staatliche „Tschechisierung" auch in der alt-katholischen Kirche eine verstärkte Betonung der tschechischen Identität. Innerhalb der tschechischen Kirche ging diese Bewegung v.a. von der Prager Gemeinde aus, wo schon vor der Jahrhundertwende eine hussitisch-national eingestellte kleine Gruppierung entstanden war. Auch in Dessendorf im Isergebirge kam es zuzahlreichen Beitritten aus der tschechischen Bevölkerung. Erstmals wurde jetzt auch der Gottesdienst in tschechischer Sprache gehalten, allerdings kam es zunehmend zu Konflikten zwischen den tschechischen und sudetendeutschen Alt-Katholiken. Nach der Besetzung der Tschechoslowakei durch die deutsche Wehrmacht im März 1939 und der Proklamation des „Protektorates Böhmen und Mähren" begrüßte die sudetendeutsche Mehrheit der tschechoslowakischen Kirche die Schaffung einer alt-katholischen „großdeutschen Reichskirche".

Der Zweite Weltkrieg und die Teilung Europas in den Ost- und Westblock bedeutete auch für die altkatholische Kirche in der Tschechoslowakei eine schmerzhafte Entwicklung. Urs Küry schreibt: „Durch die zwangsweise Aussiedlung der Sudetendeutschen wurden die altkatholischen Gemeinden, die meist deutschsprachig waren, fast vollständig entvölkert. Die Kirchen und Pfarrhäuser gingen in die Verwaltung altkatholischer Tschechen über."[67] Nach der Vertreibung der Deutschen schrumpfte die alt-katholische Kirche massiv.

Erst der Prager Frühling 1968 brachte auch für die alt-katholische Kirche einen Hoffnungsschimmer, als der gewählte Bischof Augustin Podolák in Utrecht zum Bischof geweiht werden konnte. Zuvor war die Kirche durch Generalvikare als Bistumsverweser geführt worden. Es gab wieder Zulauf von jungen Leuten. Allerdings war mit der gewaltsamen Unterdrückung des politischen Frühlings auch der Aufbruch in der Kirche abrupt beendet: 1970 übernahmen regimetreue Führer die Kirchenleitung. Es kam zu zunehmenden Spannungen zwischen dem Warnsdorfer Bischof Augustin Podolák, der schließlich von dort vertrieben wurde, und dem als Bistumsverweser fungierenden Dr. Milos Pulec in Prag. Die Lage war trostlos: „Die Alt-Katholiken wohnen in einem großen Gebiet sehr zerstreut. Es gibt hier nur drei Pfarrämter, die mehrere hundert Kilometer auseinander liegen. Dazu kommen noch die Gläubigen in der Diaspora und eine allein stehende Wallfahrtskirche.* Nur noch drei Priester stehen im Dienst der Seelsorge. Ihr Durchschnittsalter ist höher als 60.", schrieb Pulec 1989 kurz vor dem Ende des sozialistischen Regimes.[68] 40 Jahre nach dem Zweiten Weltkrieg und der Vertreibung der Sudetendeutschen war die alt-

---

* Gemeint ist die Warnsdorfer Kathedralkirche, die erst seit der Vertreibung Podoláks aus Warnsdorf leer stand. Podolák lebte bis zu seinem Tod 1991 in Cvikov. Er ist heute der von der tschechischen Kirche rechtmäßig anerkannte Bischof.

katholische Kirche der CSSR zwischen politischen Feindschaften aufgerieben. Dennoch ist es ihr gelungen, in der geschichtlichen Epoche der Europäischen Teilung durchzuhalten und einen alt-katholischen Bodensatz zu bewahren, auf dem nach dem Zusammenbruch des Ostblocks ein neuer Aufbruch möglich wurde. 1990 wurde in der Kirche eine „Synode der Erneuerung" abgehalten, auf der das Verhältnis zwischen den Anhängern Podoláks und Pulecs geklärt wurde. Bischof Podulák wurde rehabilitiert, als er im folgenden Jahr starb, wählte die Synode seinen Schüler und engsten Mitarbeiter Dušan Hejbal zu seinem Nachfolger. Hejbal wurde am 27. September 1997 vom Wiener Bischof Bernhard Heitz, der seit 1995 von der IBK als Delegat für die Tschechoslowakei bestimmt worden war, zum Bischof geweiht. Mitkonsekratoren waren Bischof em. Dr. Sigisbert Kraft und Bischof Joachim Vobbe aus Deutschland. Hejbal war 1971 im Alter von 20 Jahren von Podulák zum Priester geweiht worden. Aufgrund staatlicher Einschränkungen konnte er 18 Jahre lang nur im Untergrund als Priester tätig sein. Hejbal äußerte 1997 in einem Interview mit Radio Prag: „Natürlich waren die Gottesdienste geheim, sie fanden in privaten Wohnungen statt und ich selbst arbeitete in verschiedenen Berufen als Bauarbeiter, im Lebensmittelgeschäft als Verkäufer, mit der Spitzhacke oder als Trambahnfahrer und ähnliches, alles mögliche. Das ist aber nichts, was ich bedauern müsste, denn das war eine gute Schule. Wenn ich nur auf einer Pfarre gehockt hätte, hätte ich nicht diese innere Entwicklung durchgemacht und außerdem habe ich in Monteurhosen in irgendwelchen billigen Spelunken mit Bauarbeiterkollegen viele Leute zu Christus geführt. Und sie vertrauten mir, denn ich hatte keinen Priesterkragen, sondern Monteurhosen an."[69]

Nicht nur das kirchliche Leben war unter der sozialistischen Regierung und den geschilderten äußeren Bedingungen erschwert. Im oben angeführten Zitat des ehemaligen Schweizer christkatholischen Bischofs Urs Küry klingt zudem die Entzweiung an, die die Vertreibung auf der politischen und persönlichen Ebene zwischen Deutschen und Tschechen gesät hat. Dieses gegenseitige Misstrauen fand seinen Niederschlag auch im Verhältnis der vertriebenen sudetendeutschen und der tschechischen Altkatholiken untereinander. Die altkatholischen Bischöfe Deutschlands, Tschechiens und Österreichs, Joachim Vobbe, Dušan Hejbal und Bernhard Heitz riefen darum 1996 zur Versöhnung auf: „Es geht uns um die Heilung der Vergangenheit. Die kann nicht nur durch gemeinsame Erklärungen geschehen, vielmehr wollen wir uns als Christen vertieft bewusst werden, was uns im Glauben verbindet. Und von dort her können wir an der gemeinsamen Zukunft der Völker Europas mitwirken. Nach dem Zerfall des ‚Eisernen Vorhangs' zwischen Ost und West ist dies unsere besondere gemeinsame Aufgabe. Was wir auf dem Boden unserer Kirchen versuchen wollen, kann zum Beitrag und Beispiel für die wirkliche Versöhnung aller europäischen Völker werden."

Die alt-katholische Kirche in Tschechien

Der Zusammenbruch des sozialistischen Regimes 1989 zog eine weitere Spaltung nach sich: die Tschechoslowakei teilte sich 1992 in die Nachfolgestaaten Tschechien und die Slowakei; in beiden Ländern gab es alt-katholische Gläubige. In Tschechien wurde auch offiziell das Zentrum der Kirche von Warnsdorf nach Prag verlegt. Die tschechische Kirche erfährt seither einen deutlichen Aufwind. Die drei Bischöfe schrieben im oben angeführten Brief: „Zugleich wollen wir unsere gemeinsame Freude an der Wiedererstehung und der Erneuerung der alt-katholischen Kirche in der tschechischen Republik zum Ausdruck bringen. Mit gemeinsamen Kräften wollen wir zu ihrer weiteren Stärkung beitragen." Dieser Vorsatz wurde 1998 in der Idee aufgegriffen, den nächsten Altkatholikenkongress nach Prag zu holen. Zum Alt-Katholikenkongress im Sommer 2002 kamen etwa 350 Teilnehmer aus 14 Ländern.

2001 konnte Bischof Hejbal im Vorfeld des ersten Alt-Katholikenkongresses im ehemaligen Ostblock ein positives Fazit ziehen: „Der Umbruch des Jahrtausends war für die Altkatholische Kirche in der Tschechischen Republik ein Beweis der Tatsache, dass der Weg, den die Kirche bei der Synode der Erneuerung 1990 eingeschlagen hatte, richtig war. Die Kirche ist lebendig und wächst. Ein kleines Zeichen dafür sind Statistiken, die zeigen, dass Taufen das Mehrfache von Begräbnissen ausmachen."[70] Neue Gemeinden entstanden in Semily und Pilsen.

Im Rahmen der anglikanisch-altkatholischen Kirchengemeinschaft konnte in Tschechien ein erster Ansatz zur Verbesserung der Situation der „überlappenden Jurisdiktionen" geschaffen werden (d.h. verschiedene Regionen unterstehen gleichzeitig Bischöfen von Kirchen, die untereinander in voller Kirchengemeinschaft stehen): im Jahr 2000 kam es zu einer Vereinbarung des anglikanischen Bischofs von Gibraltar und Europa und dem alt-katholischen Bischofs Tschechiens, wonach die anglikanische Gemeinde Prags sich der Amtsgewalt des alt-katholischen Bischofs unterstellt. Sie wurde dadurch rechtlich zu einer alt-katholischen Gemeinde mit einem besonderen Statut. Auch in der unten dargestellten Diskussion um die Frauenordination, in der die osteuropäischen Kirchen eine zurückhaltende bis ablehnende Haltung einnehmen, zeichnet sich die tschechische Kirche durch Reformbereitschaft aus: Im Herbst 2003 wurde Hana Karasova zur ersten Diakonin geweiht.

Nach eigenen Angaben hat die tschechische alt-katholische Kirche etwa 2.700 Mitglieder in 12 Pfarrgemeinden (zuzüglich der anglikanischen Sondergemeinde) sowie 4 Filialgemeinden und eine „liturgische Station". Bischof Dušan Hejbal ist Vorsitzender des 10-köpfigen Synodalrates. Der stellvertretende Vorsitzende Josef König starb im Juli 2011; die tschechische Kirche verlor damit einen renommierten und sprachkundigen Repräsentanten. Er war 1944 in Tschechien geboren worden und ist dann als Jugendlicher mit seiner Familie als Spätaussiedler nach Deutschland ausgewandert; hier lernte er in Offenbach die alt-katholische Kirche kennen, der er 1994 beitrat. Im selben Jahr erlitt er einen Schlaganfall, der zur Berentung führte. Daraufhin zog er zurück in seine Heimat und lebte in Prag. In der tschechischen Kirche übernahm er bald Leitungsfunktionen: mit nur kurzen Ausnahmen war er nach Bischof Hejbal stellvertretender Vorsitzender des Synodalrates. Letzterem diente er oft als Übersetzer bei Bischofskonferenzen. Im einem Nachruf auf Josef König vom deutschen Altbischof Joachim Vobbe heißt es: „Josef König war ein Mensch, der es verstand, Brücken zu bauen."[71] (lat. „Pontifex"). Bischof Vobbe verweist in seinem Nachruf darauf, dass Josef König zentral verantwortlich gewesen sei sowohl für die erwähnte Aussöhnung zwischen der tschechischen, österreichischen und deutschen Kirche als auch für die Organisation des Alt-Katholikenkongresses 2002 in Prag.

In derselben Kirchenzeitung führt Lothar Adam diese Mittlerfunktion Königs auf seinen biografischen Hintergrund zurück: „Vermutlich ist es diese Vergangenheit, die ihn befähigte, zum einen die deutschstämmige Minderheit zu verstehen (aus der heraus die tschechische Alt-Katholische Kirche gegründet wurde), und zum anderen eine hohe Loyalität zum tschechischen Staat und zur tschechischen Gesellschaft zu haben."[72]

Die alt-katholische Kirche in der Slowakei
(als Mitglied der Utrechter Union im Jahr 2000 von der IBK anerkannt, 2004 ausgeschieden)

Nach der Aufteilung der CSSR in Tschechien und die Slowakei versuchten die wenigen slowakischen Alt-Katholiken ebenfalls eine eigenständige Kirche zu etablieren. Die slowakischen Alt-Katholiken gehörten vorher zur Kirchenge-meinde in Brünn, die im heutigen Tschechien liegt. Nach der staatlichen Tei-lung besaß die nunmehr selbständige Kirche keine eigenen Kirchengebäude, sondern feierte ihre Gottesdienste in Gastkirchen. Die IBK erkannte die alt-ka-tholische Kirche in der Slowakei im Jahr 2000 als eigenständige Kirche an.

Die Synode wählte den Priester Augustin Bačinský zum Bischof, das Zentrum der slowakischen Kirche lag an dessen Wohnort in Nitrat. Bačinský wurde aber von den Bischöfen der Utrechter Union nicht geweiht, da man erst die weitere Entwicklung in der slowakischen Kirche abwarten wollte. Auf dem Prager Alt-Katholikenkongress 2002 machte die Kirche folgende Angaben: es gebe neben dem Bischof electus 4 weitere Priester; Gemeinden bestünden hiernach in der slowakischen Hauptstadt Bratislava, in Nitra, in Zilina, Banska Bystrica und in Kosice. Die Zahl der Kirchenmitglieder wurde aufgrund der slowakischen Volkszählung von 2001 mit 1.733 Alt-Katholiken angegeben (vgl. hierzu die Anmerkungen im Vorwort und in den Schlussbetrachtungen).

Bischof Bernhard Heitz, Wien, war nach 2000 seitens der IBK mit der bischöfli-chen Delegation beauftragt. Vor der für 2004/05 von der IBK vorgesehenen Ent-scheidung über seine Konsekration ließ sich Bischof elect. Bačinský am 8. Fe-bruar 2004 vom Episcopus vagans Antonio Raposo in Portugal zum Bischof weihen, woraufhin die IBK sich von ihm ausdrücklich distanzierte. In einer öf-fentlichen Stellungnahme der IBK heißt es: „Die Altkatholische Kirche in der Slowakei steht nun vor der Entscheidung, ob sie sich von Herrn Bačinský di-stanzieren und neu formieren will, um ihren Weg in der altkatholischen Traditi-on der Utrechter Union weiter zu gehen, oder ob sie gemeinsam mit A. Bacins-ky in der sicheren Isolation zu einer Sekte[*] werden will. Wie die Entscheidung ausfallen wird, wird die nähere Zukunft zeigen."[73]

Tatsächlich ist es in der Folge nicht zu einer Annäherung der Anhänger Bacins-kys an die Utrechter Union gekommen. Hingegen sind in den letzten Jahren of-fenbar engere Kontakte der US-amerikanischen PNCC zu dieser slowakischen Vagantengruppe entstanden. Durch die Gründung einer eigenen internationalen „alt-katholischen" Gemeinschaft derjenigen Kirchen, die v.a. die Frauenordina-

---

[*] vgl. hierzu: Edmund Plazinski, Mit Krummstab und Mitra – Die umherschweifenden Bischöfe und ihre Gemeinschaften, Verlag P. Meier, St. Augustin, 1970, S. 52-61

tion ablehnen, gibt es von deren Seite mehrere Versuche, solche Gruppierungen, die sich von der Utrechter Union abgespalten haben, für diese sog. „Union von Scranton" zu gewinnen (vgl. Kapitel zur PNCC) – ungeachtet der Frage, ob es sich um Phänomene der Vagantenszene handelt. Auch die von der polnisch-katholischen Kirche in Polen abgespaltene Warschauer Priestergemeinschaft („Guter-Hirt-Gemeinde") unterhält Kontakte zu Bačinskýs Gruppe: „In diesem Zusammenhang mag noch angemerkt werden, dass der Ordinarius der Buffalo-Pittsburgh Diocese der PNCC, the Rt Revd Thaddeus S. Peplowski, am 14. August 2008 mit einigen dieser Bischöfe – darunter Augustín Bačinský, der mit der Warschauer Gruppe in kirchlicher Gemeinschaft steht – in der Slowakei konzelebriert hat", schreibt Urs von Arx (vgl. hierzu Kapitel „Polen").

Die polnischkatholische Kirche in Polen (PKK)

Nachdem sich die Polnisch-Nationale Katholische Kirche in den USA etabliert hatte und zunehmend Mitglieder gewann, warb ihr Initiator und Primas-Bischof Francis Hodur auch in seinem Heimatland Polen um Anhänger für eine nationalkatholische Kirche, die unabhängig vom römischen Zentralismus war. Nach dem Ende des Ersten Weltkrieges und der Wiedergründung eines selbstständigen polnischen Staates konnte Hodur dort einige Geistliche und Ordensleute für die Idee einer polnisch-katholischen Kirche gewinnen. Innerhalb weniger Jahre sammelten diese Geistlichen eine beachtliche Anhängerschaft überwiegend aus der Arbeiter- und Angestelltenschicht. Aus dieser Gemeinschaft gründete die amerikanische PNCC ein Missionsbistum in Polen. Hodur weihte 1924 Francis Bonczak zum Bischof für das polnische Missionsbistum.

Der polnische Ableger der PNCC litt in seiner Anfangszeit darunter, dass es keine eigene Ausbildungsstätte gab. Theologischer Nachwuchs wurde nur in Ausnahmefällen in den USA geschult, in der Regel rekrutierte sich die Priesterschaft aus unzufriedenen römisch-katholischen Geistlichen, die nicht unbedingt aus alt-katholischer Motivation zur polnischkatholischen Kirche stießen bzw. über die historischen und theologischen Hintergründe des Alt-Katholizismus nur wenig aufgeklärt waren. Auch unter den Laien gab es kaum Intellektuelle. Kennzeichnend für das PNCC-Missionsbistum in Polen war insofern eine Verbindung nationaler Identität mit der allgemeinen (katholischen) Volksfrömmigkeit. Theologisch-inhaltliche Unterschiede zur dominierenden römisch-katholischen Kirche blieben eher marginal: „Über den Polnischkatholiken konnte man sagen, dass er in der Messe auf polnisch gebetet hat, keine Dogmen von der allgemeinen Jurisdiktion und von der Unfehlbarkeit des Papstes übernommen hat, dass für ihn das Wohl der Heimat wichtiger war als seine eigenen Interessen.", führte Ewa Dąbrowa, eine alt-katholische Theologiestudentin, in ihrem Impulsreferat auf dem Prager Alt-Katholikenkongress 2002 aus.[74]

Die polnischkatholische Kirche stieß im zu über 95% römisch-katholischen Polen auf besonders energischen Widerstand der päpstlichen Kirche. Dennoch wuchs die Zahl der Mitglieder bis zum Ausbruch des Zweiten Weltkrieges bedeutend an. Unter der deutschen Besatzung wurden die Polnischkatholiken von den Nazis brutal unterdrückt. Es kam zu schweren Einbußen.

Nach dem Zweiten Weltkrieg unterstützte die kommunistische Regierung die polnischkatholische Kirche, in der man einen kirchlichen Widerpart zur konkurrierenden gesellschaftlichen Macht der römischen Kirche sah. Die Kommunisten versuchten, die christlichen Gemeinschaften gegeneinander in Konkurrenz zu bringen, um so die gefürchtete Widerstandskraft der Kirchen zu schwächen. In der kommunistischen Ära erlangte die polnischkatholische Kirche die staatliche Anerkennung, die sie zuvor vergeblich angestrebt hatte.

Sie erhielt zahlreiche Kirchenbauten aus vorher römisch-katholischem Besitz zugesprochen. Die kommunistische Regierung förderte eine Loslösung der polnischkatholischen Kirche von ihrer Mutterkirche im kapitalistischen Amerika. 1952 wurde das ehemalige Missionsbistum der PNCC daher auf politischen Druck unabhängig; die jetzt eigenständige polnischkatholische Kirche Polens blieb jedoch Mitglied der Utrechter Union.[*]

Theologisch sowie in ihrer Struktur und Verfassung blieb sie eng an die amerikanische Mutterkirche angeglichen. Entsprechend schwierig gestaltete sich in der Folge die Ausbildung eines eigenen „polnischen" polnischkatholischen Selbstverständnisses. Ewa Dąbrowa listet folgende Schwierigkeiten zur Entwicklung einer eigenen polnisch-katholischen Identität auf: „kurze Geschichte der Kirche auf polnischem Gebiet, die verhältnismäßig starke Identifizierung mit der Polnisch-Nationalen Katholischen Kirche in den Vereinigten Staaten, welche in einer anderen gesellschaftlichen, kulturellen und politischen Umgebung funktioniert; schwache Identifizierung, trotz der Zugehörigkeit zur Familie der alt-katholischen Kirchen, mit den Hauptgrundsätzen vom Altkatholizismus."[75]

Trotz der staatlichen Unterstützung geriet die polnischkatholische Kirche durch ihre Glaubensgrundsätze, ihre nationale Ausrichtung und v.a. ihre Orientierung an der amerikanischen PNCC in Konflikte mit der kommunistischen Regierung. Dieser Streit eskalierte soweit, dass ihr Bischof abgesetzt wurde. 1959 wurde ein neuer Primas-Bischof bestellt.

1954 wurde die Evangelisch-Theologische Fakultät der Universität Warschau ausgegliedert und in eine eigenständige kirchliche Akademie umgewandelt. Bei der Entstehung dieser kirchlichen Hochschule wurden Sektionen für die drei größeren nicht-römisch-katholischen kirchlichen Gemeinschaften Polens geschaffen: für evangelische, orthodoxe und alt-katholische Theologie. Seither kann der theologische Nachwuchs der polnischkatholischen Kirche im eigenen Land studieren. Der heutige Primas-Bischof der polnischkatholischen Kirche Polens, Prof. Dr. Wiktor Wysoczanski ist zugleich Ordinarius des alt-katholischen Seminars in Warschau. Hier erwarb beispielsweis der Autor der umfassenden Darstellung „Altkatholiken in Österreich", Christian Halama alias Blankenstein (vgl. Kapitel zur Kirche in Österreich), 2002 seinen Doktortitel in alt-katholischer Theologie.

---

[*] Den Prozess der Ablösung von der amerikanischen Mutterkirche beschreibt der Primas-Bischof Wiktor Wysoczanski in seinem Aufsatz „Der Prozess der kanonischen Verselbständigung der Polnisch-Katholischen Kirche in Polen und ihre Stellung in der Utrechter Union" in der IKZ 93 (Heft 1), 2003, S. 43f..

Während der kommunistischen Ära versuchten die Mitgliedskirchen der Utrechter Union, den Kontakt zur polnischkatholischen Kirche in Polen zu halten. Traditionell besonders eng sind die Beziehungen der polnischen Kirche zur amerikanischen PNCC, aber auch die IAKJ (Internationale Alt-Katholische Jugend) hat immer darauf geachtet, zu ihren Treffen auch Teilnehmer aus Polen einzuladen, das christkatholische Hilfswerk „Partner sein" konnte mehrfach die polnischen Jugendlichen finanziell unterstützen. In der kommunistischen Ära lebte die polnischkatholische Kirche Polens nicht von Kirchensteuern, sondern durch eigene gewerbliche Unternehmen („Polkat"): Handwerksbetriebe unter der Leitung der Kirche in den größeren Städten, deren Einnahmen zur Finanzierung der Kirche dienten.

Die polnischkatholische Kirche Polens ist in drei Bistümer eingeteilt:
- Warschau: hier ist der Sitz des Primas-Bischofs Wiktor Wysoczanski. Die Diözese umfasst 30 Gemeinden mit insgesamt 7278 Kirchenmitgliedern,
- Krakau-Tschenstochau: das Bischofsamt ist z.Zt. vakant; Diözesamadministrator ist Antoni Norman; die Diözese umfasst 24 Gemeinden mit zusammen 9877 Mitgliedern,
- Breslau; das Bischofsamt ist z.Zt. vakant; Diözesamadministrator ist Stanislaw Bosy; dieses Bistum umfasst 19 Pfarrgemeinden mit insgesamt 5598 Kirchenmitgliedern.

In beiden vakanten Bistümern ist die Konsekration eines neuen Bischofs geplant, auf der Synode 2013 erreichte jedoch kein Kandidat die erforderiche 2/3-Mehrheit (s.u.).

Insgesamt umfasste die Kirche im Jahr 2012 nach eigenen Angaben 22.753 Polnisch-Katholiken. Die Kirche ist in 10 Dekanate und 74 Pfarreien aufgeteilt. Die Leitung der Kirche sitzt in Warschau im „Franz-Hodur"-Zentrum. Die Bischofskirche „Heiliger Geist" liegt ebenfalls in der polnischen Hauptstadt. Zwar lehnt die polnischkatholische Kirche Polens wie die amerikanische PNCC die Frauenordination ab, sie hat jedoch mehrfach betont, im Gegensatz zu ihrer amerikanischen Mutterkirche „treu zur Utrechter Union" zu stehen. Die polnische Kirche ist daher nach dem Ausscheiden der PNCC aus der altkatholischen Kirchengemeinschaft weiterhin fest in der Utrechter Union verankert.

Im Jahr 2009 ist es zu einem eklatanten Konflikt mit der amerikanischen Mutterkirche gekommen, als deren kanadischer Ordinarius Sylwester Bigaj bei einem Besuch in Polen versucht hatte, eine Priestergemeinschaft („Guter-Hirt-Gemeinde"), die sich 15 Jahre zuvor von der polnisch-katholischen Kirche (PKK) getrennt hatte, gegenüber dem Staat als Ableger der PNCC zu legitimieren und entsprechende Besitzansprüche zu stellen. Dies geschah mit Vollmacht des US-amerikanischen Prime Bishops Robert Nemkovich. Im Gegensatz zur unmittelbaren Phase nach dem Bruch der PNCC mit der Utrechter Union, als die Gemeinde Toronto eine enge Beziehung zur Utrechter Union gesucht hatte, ist die heutige Leitung der kanadischen PNCC seit 2009 auf die theologische Linie der US-amerikanischen PNCC eingeschwenkt. Bigajs Versuche, eine staatliche Anerkennung der Priestergemeinschaft als PNCC-Ableger zu erreichen, geschah ohne Zustimmung der polnischen Kirche. Urs von Arx nennt dieses Vorgehen „faktisch kirchenspalterische Aktivitäten".[76] Der polnische Synodalrat hat gegen die Aktionen der PNCC protestiert und sich hinter ihren Leitenden Bischof gestellt.

Urs von Arx kommentiert die Situation der polnischen Kirche wie folgt: „Die Kirchenleitung der PKK ist mit dieser Position freilich in einem Dilemma, da sie ja die Tatbestände, um derentwillen die PNCC sich aus der Utrechter Union verabschiedet hat, nämlich die von alt-katholischen Kirchen eingeführte Frauen-ordination und Segnung von gleichgeschlechtlichen Partnerschaften (wobei sich zu letzterem, oft auch kirchentrennenden Punkt die Internationale Altkatholi-sche Bischofskonferenz allerdings nie geäußert hat), ihrerseits in offiziellen Er-klärungen wiederholt ebenfalls abgelehnt hat. Eben dies wird von Seiten der PNCC gerade auch dem Leitenden Bischof der PKK als Inkonsequenz vorge-worfen. Aber die Option, die Utrechter Union zu verlassen, ist Bischof Wysoczański, der sich jahrzehntelang für eine Übersetzung und Vermittlung der im Lauf der Zeit konsolidierten alt-katholischen Theologie in das Leben der PKK engagiert hat, nicht zu unterstützen gewillt."[76]

Die Tatsache, dass auf dem Altkatholiken-Kongress 2002 Ewa Dąbrowa das Hauptreferat und somit die Präsentation der polnische Kirche übernommen hat, kann als Signal verstanden werden, dass sich die Kirche in Polen gegenüber der Einbindung von Frauen in kirchliche Aufgaben öffnet.

Ähnlich wie in diesem Buch im Bezug auf die tschechische Kirche (s. dort) und auf den langwierigen Prozess der Versöhnung nach den Gräueln des Zwei-ten Weltkrieges und der Vertreibung (hier der Sudetendeutschen) beschrieben wird, ist auch das Verhältnis der schlesischen Alt-Katholiken zu ihrer ehemali-gen Heimat im heutigen Polen schwierig. Am Beispiel der Gemeinde Kattowitz (siehe „Exkurs" im Kapitel der deutschen Kirche) wird unter Bezugnahme auf die Arbeit von Johannes Urbisch die wechselvolle Geschichte bis zu ihrem Untergang dargestellt.

Im Nachkriegs-Polen überschneiden sich kurzzeitig die Zuständigkeiten für die verbleibenden Restbestände der deutschen alt-katholischen Gemeinden. Für die heutige Situation führt Urbisch aus: „Die heute in einigen Orten (Breslau, Hirschberg, Gottesberg, Sagan) existierenden polnisch-katholischen Gemein-den haben keinerlei Bezug zu den am gleichen Ort früher einmal bestehenden deutschen alt-katholischen Gemeinden. Sie sind allesamt Neugründungen der nach der Vertreibung der Deutschen neu angesiedelten polnischen Bevölkerung, die in den meisten Fällen wiederum ihrerseits aus den ehemaligen ost-polnischen Gebieten vertrieben wurden. Nur in einem Fall, in Gottesberg, das nun auf Polnisch Boguszow heißt, dient das Kirchengebäude der polnisch-katholischen Gemeinde als Gotteshaus."[77]

Urbisch würdigt in seinem Buch besonders einen deutschen Geistlichen, der den Versöhnungsprozess zwischen polnischen, tschechischen und deutschen Alt-Katholiken aktiv betrieben hat: „Erwähnen möchte ich auch Franz Kramer, ebenfalls ein gebürtiger Breslauer, der sich unschätzbare Verdienste bei der Zu-sammenarbeit mit den heute in Schlesien lebenden Polen, insbesondere aber bei der Hilfe für unsere polnische Schwesterkirche, die Polnisch-Katholische Kir-che in Schlesien, erwarb."[78] „Franz Kramer war im Hauptberuf Gymnasiallehrer und nebenamtlich Pfarrer der Alt-Katholischen Gemeinde Kempten; in seiner Zeit wurde die Maria von Magdala Kirche erbaut. Nach seiner Pensionierung übersiedelte er nach Görlitz, um von dort näher seiner Heimatstadt zu sein und zugleich Hilfen für die polnische und tschechische Schwesterkirche zu or-ganisieren."[79] Bischof Joachim Vobbe ergänzt in seinem Nachruf für den im November 2005 verstorbenen Kramer: „Zugleich erkannte er seine Aufgabe im grenznahen Görlitz darin, Partnerschaften zu polnischen und tschechischen Gemeinden aufzubauen. Auch blieb die Tatkraft der Eheleute Kramer nie nur beim Liturgischen und Verbalen stehen, sondern hatte immer handfeste praktisch-diakonische Ziele im Auge. Als gebürtigem Schlesier kam es Franz Kramer dabei vor allem darauf an, Vertrauen bei den polnischen Nachbarn zu gewinnen. Sprachinteressiert, wie er war, lernte er darum noch als Pensionär Polnisch."[80]

Am 18. Juni 2013 versammelte sich die Synode der polnisch-katholischen Kirche nach fünf Jahren wieder zu ihrer Sitzung in Konstancin bei Warschau. Als Vertreter der Internationalen Bischofskonferenz der Utrechter Union wohnte u.a. der niederländische Bischof von Haarlem, Dirk Schoon, der Synode bei. Er berichtet darüber auf der Internetseite der Utrechter Union: „Im Namen der Polnish National Catholic Church in den Vereinigten Staaten und in Kanada (PNCC) waren der Erste Bischof Anthony Mikowsky, der Bischof der Eastern Diocese Paul Sobiechowski und Gregory Mludzik, Pfarrer in Wallington (NY) anwesend. Bischof Mikowsky beruhigte die Synode, dass die PNCC keine Aktivitäten unternehme, um Kirchgemeinden von der polnischen Kirche abzulösen und zu übernehmen, denn sie betrachte die polnisch-katholische Kirche als ihre Schwesterkirche in Polen. Sie möchte sich aber dafür einsetzen, die Einheit innerhalb der Kirche zu fördern und die Bande, die die polnisch-katholische Kirche mit der PNCC (welche die Utrechter Union 2003 verlassen hat) verbindet, fortzusetzen. Danach überbrachte Bischof Schoon die Grüße der Kirchen der Utrechter Union und von deren Vorsitzendem, Joris Vercammen,

Erzbischof von Utrecht. Er betonte gegenüber der polnischen Kirche, dass gerade die synodale Ordnung Ausdruck der Katholizität einer Kirche sei, so wie sie die altkatholische Tradition verstehe. Er wünschte der Synode den Beistand des Heiligen Geistes. Nach den Berichten über die Aktivitäten in den drei Bistümern stellt der Vorsitzende des Synodalrates, Bischof Wiktor Wysoczansky, zwei Kandidaten für die vakanten Bischofssitze von Wroclaw und Krakau vor. .... Bei der Abstimmung erreichte aber keiner der beiden Kandidaten die verlangte Zweidrittelsmehrheit. Bischof Wysoczanski wurde dagegen als Erster Bischof wiedergewählt".[81]

Alt-Katholische Kirchen unter der Jurisdiktion von Bischöfen der Utrechter Union

„In romanischen Ländern konnte die altkatholische Bewegung nicht Fuß fassen.", leitet Victor Conzemius lakonisch seine Betrachtung über die kleinen alt-katholischen Gemeinschaften in den südwesteuropäischen Ländern ein.[82] So treffend diese Feststellung in vielerlei Hinsicht ist, lohnt sich dennoch eine differenzierte Betrachtung alt-katholischer Ansätze in den jeweiligen Ländern. Die romanischen Länder sind traditionell katholisch geprägt, stellen insofern eine gute Ausgangsbasis zur Entstehung alt-katholischer Kirchen im Zuge der Opposition gegen das erste vatikanische Konzil und seine Beschlüsse dar.

Es sind viele Thesen aufgestellt worden, warum der Widerstand gegen die Papstdogmen und der Erfolg der alt-katholischen Bewegung in Mitteleuropa größer war als im katholischen Süden. Manches wird mit einer „flexibleren Geisteshaltung" der romanischen Bevölkerung erklärt, die es leichter mache, Vorschriften, die man innerlich nicht akzeptiere, nach außen hin dennoch zu achten, wenn diese die eigenen Werte nicht bedrohen – im Gegensatz zum konfessionell geprägten Mitteleuropäer, der kleinlich darauf achte, ob er bestimmte Aussagen mittragen könne oder nicht. So schreibt etwa Bischof Joachim Vobbe über die italienische Mentalität: „Überdies haben die Italiener durch jahrhunderte langen Umgang mit dem Papsttum eine Einstellung entwickelt, die sich zwar eine Kirche ohne Papst nicht vorstellen kann, ihnen zugleich aber erlaubt, von der Institution, und je nach Lage der Dinge, auch von der Person des Papstes und seiner Verlautbarungen wenig Notiz zu nehmen. Die meisten Italiener haben wenig Hang zum Fanatismus, was sie sehr sympathisch macht, aber eben wohl auch wenig Hang zu abstrakten Grundsatzdebatten. Die Welt der Ideen und Strukturmodelle, aus denen heraus man zwingende Konsequenzen irgendwelcher Art ziehen müsse, dürfte für Italiener eine eher deutsche Welt sein – soweit solche Vorurteile überhaupt Gültigkeit beanspruchen dürfen."[83]

Außerdem wird auch das politische Bewusstsein eine entscheidende Rolle spielen. In den deutschsprachigen Ländern haben sich die Ideen des liberaldemokratischen Bürgertums nicht nur gegen die Erscheinungsformen des Absolutismus gewandt (wie etwa die Französische Revolution) – wozu auf kirchlicher Ebene der päpstliche Vorrang und Unfehlbarkeitsanspruch zu rechnen sind –, sondern auch gegen den Zentralismus. Föderale bzw. kantonale Grundideen könnten wiederum auf ekklesiologischem Gebiet das alt-katholische Ortskirchen-Prinzip gefördert haben. Auch die fehlende politische Unterstützung der alt-katholischen Bewegung durch die Regierungen der romanischen Länder erscheint eine plausible Erklärung für Conzemius' Aussage, dass der Alt-Katholizismus hier „nicht Fuß fassen" konnte.

Das Hauptproblem in den „Randzonen" des Alt-Katholizismus ist allerdings die extreme Diasporasituation und dadurch das Fehlen einer wirklichen synodalen Struktur. Besonders am Beispiel der italienischen Gemeinden lässt sich diese Problematik nachzeichnen. Hier ist es unübersehbar, dass auf einem quasi isolierten Vorposten des Alt-Katholizismus die jeweilige Entwicklung einer Gemeinde noch stärker als sonst wo vom jeweiligen Amtsträger abhängt. Hier verkörpert der Priester vor Ort *die* alt-katholische Kirche. Daraus erwächst fast immer eine ungute Dynamik. Zum einen gerät der jeweilige Kleriker selbst in die Gefahr einer narzisstischen Überhöhung. Seine Ansichten, seine Einschätzung werden zum Maßstab. Ein Korrektiv fehlt, eine dialektische theologische Auseinandersetzung unterbleibt. Auch die Gemeinden geraten dadurch in die Gefahr, sich zu sehr auf die Einzelperson auszurichten, bis hin zu den extremen Auswüchsen eines Personenkults oder individuellen Fanclubs, so dass sich solche Gemeinden in aller Regel mit dem Ausscheiden ihres Hirten zerstreuen.

Die IBK erklärt in ihrem Beschluss, ab Mitte des Jahres 2011 die Zuständigkeit für die italienischen Gemeinden aufzugeben, sie wolle sich nunmehr „auf die Arbeit in ihren Kerngebieten konzentrieren". Der niederländische Bischof von Haarlem, Dirk Schoon, spezifiziert, dass der Alt-Katholizismus „ein mitteleuropäisches Phänomen" sei. Wie in den „Schlussbetrachtungen" dargelegt wird, hat die Utrechter Union in den vergangenen 100 Jahren dennoch immer wieder versucht, ihren Einflussbereich zu vergrößern. Dies geschah zunächst sicherlich aus einem anti-ultramontanen (gegen Rom gerichteten) Impuls, auch wird eine gewisse eigene Geltungssucht eine Rolle gespielt haben. Der christliche Missionsauftrag, den der Abschluss des Matthäusevangeliums formuliert (vgl. Mt 28, 18f.), wurde im alt-katholischen Selbstverständnis darauf verkürzt, die unzufriedenen Mitglieder der römisch-katholischen Kirche abzuwerben. So nennt sich etwa die französische alt-katholische Bewegung „*Mission* Vieille-Catholique en France". In der jüngeren Geschichte der Utrechter Union scheint auch innerhalb der IBK ein Konsens zu bestehen, dass die alt-katholische Bestimmung nicht darin liege, sich als die „bessere katholische Kirche" zu verstehen und zu präsentieren (davor warnt z.B. schon vor 10 Jahren der heutige deutsche Bischof Matthias Ring[*]). Der für die ehemaligen italienischen Gemeinden zuständige Schweizer Bischof Harald Rein, der in Rücksprache mit der IBK die oben zitierte Rückzugs-Erklärung der Utrechter Union aus Italien abgegeben hatte, gab am Tag nach seiner Bischofsweihe in einem Radiointerview an, das Wachstum der christ-katholischen Kirche solle nicht durch „Proselytismus" (also durch die Konversion ehemaliger römisch-katholischer Christen) geschehen, sondern indem die christliche Botschaft an die Kirchenfernen

---

[*] vgl. etwa den Aufsatz „Sind wir die bessere Kirche? Oder eine Mogelpackung?" in: *Christen heute,* Oktober 2003

unserer Zeit gerichtet werde. Auch der emeritierte Bischof Österreichs, Bernhard Heitz, der für die ebenfalls kleine alt-katholische Diasporakirche in Kroatien zuständig war, führte in seiner Predigt anlässlich einer Priester- und Diakonenweihe in Zagreb aus: „Wir werden niemandem Schafe stehlen, aber ihr werdet sehen, wo verlorene Schafe auf euch warten!"[84]

Andererseits darf nicht übersehen werden, dass es nicht nur eigennützige Motive der IBK waren, neue Gemeinschaften unter ihre Jurisdiktion zu nehmen. Oft bestand auch eine glaubwürdige Seelennot einzelner Gemeinden oder Personengruppen, die ernsthaft nach einer kirchlichen Heimat in einer etablierten Konfession suchten, um eben nicht in eine Sektennische zu geraten. Insofern war es auch ein Gebot der Hilfsbereitschaft, diesen Suchenden ein „Dach über dem Kopf" anzubieten, so etwa im Bezug auf die Gemeindegründungen in Skandinavien. Auch für Italien kann diese ursprüngliche Motivation unterstellt werden, als man in den 70er Jahren eine Gemeinde in Apulien aufnahm, die um den Priester Luigi Caroppo entstanden war.

Exkurs:. *Als Kind habe ich die Familie des seinerzeitig einzigen alt-katholischen Priesters in Italien kennen gelernt, der Anfang 2004 verstorben ist. Ich habe die lebendigen Gottesdienstfeiern in der kleinen Kapelle „Oratorio di Tutti i Santi" im süditalienischen Städtchen Minervino kennen und schätzen gelernt. Über diesen Kontakt ist eine Freundschaft zur Familie Caroppo entstanden. 1997 kam es allerdings zum Bruch mit der Utrechter Union. Auch hierfür scheinen persönliche Konflikte innerhalb einer Kleinstgruppierung verantwortlich zu sein; auch die extreme Abgeschiedenheit der Gemeinde von Minervino in Apulien (noch südlich von Lecce) ist ein unlösbares Problem: Über 1.000 km trennte diese Gemeinde von ihrer alt-katholischen „Nachbargemeinde", so dass auch inhaltlich eine Abkopplung von der Entwicklung in den anderen Kirchen der Utrechter Union nur schwer vermeidbar erscheint.*

Die Alt-Katholische Mission in Frankreich
(„Mission Vieille-Catholique en France")

In Frankreich hatte es im Unterschied zum päpstlich dominierten italienischen Nachbarn über Jahrhunderte hindurch eine Gegenbewegung zum Machtanspruch des Vatikan gegeben. Der Gallikanismus versuchte die alten Rechte der Kirche Frankreichs gegen die Kurie zu verteidigen. Bischof Jacques Bénigne Bossuet redigierte die vier gallikanischen Artikel, die die französische Nationalsynode 1682 verabschiedete und die Ludwig XIV. zum Staatsgesetz erhob. Darin wird der Papst in seiner Macht durch die Gesetze und Gewohnheitsrechte der französischen Kirche eingeschränkt. Diese Artikel wirkten trotz ihrer Verurteilung 1690 durch Papst Alexander VIII. in der französischen Kirche nach.

Die Entwicklung der alt-katholischen Kirche in Frankreich ist durch die jansenistische Geschichte einerseits bis heute eng mit der Utrechter Kirche verknüpft (vgl. Kapitel über die niederländische Kirche), andererseits ist sie mit der Entstehung der christkatholischen Kirche in der frankophonen Schweiz verbunden – der einzigen Anlaufsstelle für französischsprachige Alt-Katholiken. Der Pariser Geistliche Eugen Michaud versuchte zunächst erfolglos, in Frankreich eine alt-katholische Kirche aufzubauen, wandte sich aber bald an die Schweizer Kirche, in deren Dienste er trat. Als Dozent lehrte er an der Berner katholisch-theologischen Fakultät und war Herausgeber der „Revue Internationale de Théologie", dem Vorläufer der heutigen Internationalen Kirchlichen Zeitschrift (s. unter „Christkatholische Kirche").

Ebenfalls im Rahmen der Darstellung der christkatholischen Kirche bereits erwähnt wurde Charles Hyacinthe Loyson, der nach 1872 in der christkatholischen Gemeinde in Genf wirkte. Loyson war zuvor Bruder im Karmeliterorden in Paris, wo er ein viel beachteter Prediger in Nôtre Dame war. Er kehrte 1878 nach Paris zurück und sammelte hier eine alt-katholische Anhängerschaft, mit der er eine Gemeinde unter dem Namen „Église gallicane" gründete. Ein eigenes Kirchengebäude wurde in der Rue d'Arras gebaut. Diese Gemeinde suchte Anschluss an die alt-katholischen Kirchen, stieß aber zunächst auf größere Skepsis. Während der Schweizer Bischof Eduard Herzog durch die Staatsgesetze der Schweiz gehindert war, Amtshandlungen im Ausland vorzunehmen, betrachtete die Utrechter Kirche die freireligiösen Ansätze Loysons mit Sorge. Auch eine enge Anlehnung an die deutschen Alt-Katholiken war unmittelbar nach dem deutsch-französischen Krieg 1870/71 nicht opportun. Die gallikanische Gemeinde in Paris unterstellte sich daher dem anglikanischen Bischof von (West-)New York, Arthur Cleveland Coxe, der sich selbst als „Old-Catholic" bezeichnete.

Erst 1893 unterstellte sich die Pariser Gemeinde der Jurisdiktion des Erzbischofs von Utrecht. Die holländische Kirche unterstützte die Neugründung einer alt-katholischen Gemeinde, die sich aus den Gefolgsleuten Loysons sowie aus Anhängern der Port-Royal-Lehre rekrutierte. Insbesondere der Präsident des Priesterseminars in Amersfoort, Jacobus Johannes van Thiel, war hier sehr engagiert. Als Bischofsvikar des Utrechter Erzbischofs war er später auch offiziell für die Pariser Gemeinde zuständig, von 1906 bis 1912 war Thiel dann Bischof von Haarlem. Dem streitbaren Loyson stand jetzt der Seelsorger August Volet zur Seite. Die Gemeinde nannte sich nun „Paroisse Ancienne-Catholique" (etwa in der Bedeutung „altertümlich-katholische Gemeinde"). Mit Unterstützung der holländischen Kirche wurde damals eine neue Kirche errichtet, da das Gebäude in der Rue d'Arras mit Platz für bis zu 1.000 Personen völlig überdimensioniert war für die Pariser Gemeinde, die 1893 etwa 300 Mitglieder umfasste. Im 13. Arrondissement auf dem Boulevard d'Italie (später Bd. Auguste Blanqui) entstand die neue Kirche, die sich nach dem französischen Nationalheiligen Dionysius „Saint Denis" nannte.[*] Zu der Kirche gehörten ein Gemeindesaal und ein Pfarrhaus. Bereits vor dem Zweiten Weltkrieg wurde die Pariser Gemeinde vom holländischen Geistlichen und Mitglied des Utrechter Metropolitankapitels, Xavier Emile Joseph Gouard, betreut, der jeweils aus Rotterdam mit dem Zug anreiste.

Das Unheil, das durch die Nazis über ganz Europa gebracht wurde, tötete auch diesen niederländischen altkatholischen Priester. Erentrud Kraft erinnert in einem Aufsatz 2004 anlässlich des 75ten Geburtstages von Anne Frank, die 1945 im KZ Bergen-Belsen starb, an deren Weggefährtin Miep Gies (alias Hermine Santrouschitz). Dabei streift sie auch das Schicksal Gouards: „Seit dem ersten Weltkrieg betrieben die Niederlande eine Außenpolitik strengster Neutralität. Das hinderte Hitler nicht, im Mai 1940 das Land ohne Vorwarnung zu überfallen. Drei Tage versuchte das niederländische Militär, den Einmarsch zu stoppen, ohne Erfolg. Noch während der Verhandlungen über eine ‚freiwillige' Kapitulation ließ Hermann Göring Rotterdam bombardieren. Im Bombenhagel wurde die den Altkatholiken gehörende Kirche St. Laurentius und Maria Magdalena (1698 errichtet) zerstört, ihr Pfarrer Xavier Emile Joseph Gouard, Kanonikus des Kapitels in Utrecht, kam dabei ums Leben. Er war nach längerem Zögern an diesem Tag mit dem letzten Zug aus Paris gekommen, wo er je eine Woche im Monat die gallikanische (altkatholische) Gemeinde St. Denis betreute. Zu Beginn des Bombardements suchten einige Gemeindeglieder

---

[*] Dionysius von Paris wurde im 3. Jahrhundert vom Papst als Missionsbischof nach Gallien gesandt. Hier gründete er Kirchen in Chartres und Paris, wo er 285 als Märtyrer starb. Über seiner Grabstelle wurde 625 die Kathedrale Saint-Denis errichtet, in der auch die meisten französischen Könige bestattet wurden. Saint Denis gehört zu den so genannten „Vierzehn Nothelfern".

im Presbyterium (Pfarrhaus) Zuflucht, Gouard aber eilte in die Kirche, sein Posten sei dort, er dürfe und könne ihn nicht verlassen. Auf den Tag genau 27 Jahre zuvor war er in dieser Gemeinde und Kirche als Seelsorger eingeführt worden, in ihr fand er den Tod und auch sein Grab, denn seine Leiche konnte nicht geborgen werden, die Kirche samt Einrichtung war wie ‚pulverisiert'."[85]

Nach dem Zweiten Weltkrieg vertrauten Delegierte des Metropolitankapitels aus Unkenntnis (und mangelnder Sorgfalt) die Gemeindeangelegenheiten vor Ort unzuverlässigen Personen der Pariser Gemeinde an, so dass die Kirche samt Pfarrhaus mit Mobiliar und Kultgegenständen sowie dem Gemeindearchiv verloren ging. Die Gemeinde zerstreute sich und existierte mehrere Jahre faktisch nicht mehr.

1950 begann man mit dem Wiederaufbau einer alt-katholischen Gemeinde in Paris. Zunächst wurden die Gottesdienste in der anglikanischen Kapelle der englischen Botschaft gefeiert. Die Bewegung in Frankreich wurde nun der IBK unterstellt und heißt seither „Mission vieille-catholique en France" (jetzt in der Übersetzungsbedeutung „alt-katholisch"). Mitte der 70er Jahre wurden eigene Räume erworben in der Rue de Douai (mitten im Vergnügungsviertel Pigalle); in einer Wohnung wurden eine Kapelle, ein Pfarrbüro und ein Gemeinderaum mit Küche untergebracht. Geleitet wurde diese Mission von einem „Recteur"; dies war von 1953 bis 1983 Abbé André-Henri Bekkens. 1983 übernahm Bernard Vignot diese Funktion. Als Verbindungsorgan in der französischen Extremdiaspora fungierte die Kirchenzeitung „La flamme". Nach dem Ausscheiden von Bernard Vignot als Recteur der Mission vieille-catholique Ende der 90er Jahren geriet sie zum wiederholten Male in eine schwere Krise.

Exkurs: *Der langjährige Recteur der Mission, Bernard Vignot hat damals seinen priesterlichen Dienst in der amerikanischen anglikanischen Schwesterkirche weitergeführt, wo er bis zu seinem Ruhestand in der Amerikanischen Kathedrale „Holy Trinity" in Paris die frankophonen Mitglieder der Episkopalkirche betreute. Bernard Vignot nahm an der Bischofsweihe von Joris Vercammen am 1. Juli 2000 in der Domkirche zu Utrecht als Vertreter der „Episcopal Church in the United States of America" (ECUSA) teil. Heute fungiert er noch immer als Priester und Ansprechpartner für Alt-Katholiken in der Normandie. Viele alt-katholische Initiativen in Frankreich scheinen unter den enorm eingeschränkten äußeren Möglichkeiten der Seelsorge gelitten zu haben. Viele Gemeindegründungen sind mangels Masse schlichtweg wieder eingegangen. So existierte Ende der 80er Jahre an der Côte d`Azur in Agde eine kleine Gemeinde, die vom Abbé Christian Teyssier gegründet und geleitet wurde, die schlicht zu klein zum Überleben war. In Sarcelles, nördlich von Paris, hatte der charismatische Priester Alain Fraysse in den 80er Jahren eine große interkulturelle Gemeinde aufgebaut, der dann zur befreundeten Kirche der Maria-*

viten wechselte, heute allerdings im Zusammenhang mit der „Nordisch Katholischen Kirche" der sog. „Union von Scranton" steht. Immerhin scheinen viele der ehemaligen französischen Geistlichen der alt-katholischen Sache inhaltlich verbunden geblieben zu sein, so dass sie versucht haben, die Anliegen in den befreundeten Schwesterkirchen wie der ECUSA oder den Mariaviten zu verwirklichen.

Im Jahr 2010 gab es wieder eine hoffnungsvolle Entwicklung in der Mission vieille-catholique. Die „Prieuré du Bon Pasteur" (Bruderschaft vom Guten Hirten) wurde offiziell in die französische Kirche aufgenommen. Es handelt sich um eine religiöse Gemeinschaft im kleinen nordfranzösischen Ort Prisches (knapp 1000 Einwohner), die 1991 von zwei Priestern gegründet worden war. Bereits vor 2010 hatte die Prieuré Kontakt zur Utrechter Union aufgenommen. In einem Kommuniqué der IBK heißt es: „Als Resultat dieses Austauschs wurde die Gemeinschaft nun am Sonntag, 28. November 2010 in die Mission vieille-catholique de France aufgenommen. Erzbischof Dr. Joris Vercammen leitete den Festgottesdienst anlässlich der offiziellen Anerkennung." Etwa 300 Mitglieder soll die Prieuré zählen.

Hauptansprechpartner der französischen Alt-Katholiken ist der Priester Michel Grab aus Straßburg; in der Selbstpräsentation der Alt-Katholiken in Frankreich auf dem Prager Alt-Katholikenkongress 2002 schreibt er: „Paris ist *die* historisch gewachsene Gemeinde. ... Die Gemeinde Paris hat ein wechselvolles Schicksal hinter sich: einmal gibt es sie, einmal nicht mehr, und danach entsteht sie wieder. Die Kirche in Paris ist emotional und traditionell mit dem Erzbistum von Utrecht immer fest verbunden"; auch weiterhin ist der Utrechter Erzbischof innerhalb der IBK der zuständige Delegat für die „Mission vieille-catholique en France". Nach einem weiteren Schrumpfungsprozess, der durch die Tatsache begünstigt wurde, dass in der Pariser Gemeinde kein Seelsorger mehr vor Ort wirkte, entschied man sich, die Gemeinderäume in der Rue de Douai zu verkaufen. Der Sitz der Kirchenleitung wurde an die Zentrale der ECUSA für Europa (Convocation of American Churches in Europe) angeschlossen; es finden wieder monatlich Gottesdienste in einer Dreifaltigkeitskirche statt (allerdings in der lutherischen „Église de la Trinité" statt; zuständig ist ein Priester aus dem Elsass.)

Im zentralistisch strukturierten Frankreich ist Paris selbstverständlicher Hauptort für kirchliche Gemeinschaften; neben der Episkopalkirche und den Alt-Katholiken ist hier auch der Sitz des mariavitischen Bischofs André le Bec für die französischen Glaubensmitglieder, nach eigenen Angaben etwa 5.000 Personen.

Die Alt-Katholische Kirche in Italien
„Chiesa Vetero-Cattolica in Italia"
(Mitglied der Utrechter Union bis 2011)

In Italien gelang es nicht wie in Frankreich, ein unumstrittenes Zentrum aufzubauen. Aus nahe liegenden Gründen bot sich Rom anders als Paris nicht selbstverständlich als Mittelpunkt einer landesweiten kirchlichen Bewegung an: „Dass es im Lande der Päpste, in dem alle nicht-römisch-katholischen Kirchen eine verhältnismäßig nebengeordnete Rolle spielen, nicht einfach ist, ein kirchliches Profil zu haben, welches sich ausgerechnet in der Papstfrage von der römischen Kirche unterscheidet, versteht sich von selbst.", resümiert Bischof Joachim Vobbe.[83]

Dennoch gab es auch in Rom mehrfach Versuche einer papst-unabhängigen katholischen Gemeindegründung. Bereits nach dem Ersten Vatikanum entstand in der italienischen Metropole die „Chiesa Cattolica Riformata d`ltalia". Ihr Gründer, Graf Enrico di Campello, war seit 1868 Kanonikus am Petersdom. Nach der Verkündigung des Unfehlbarkeitsdogmas gründete er zunächst eine geheime Gemeinschaft, die u.a. das alte Recht auf die Wahl der Bischöfe durch das Volk forderte, insbesondere des Bischofs von Rom. 1881 legte er sein Kanonikat öffentlich nieder und vollzog den Bruch mit der Papstkirche. Auf dem Alt-Katholikenkongress 1884 in Krefeld erklärte er offiziell den Anschluss seiner Reformkirche an die alt-katholische Bewegung.

Campellos Kirche wurde im Wesentlichen von der anglikanischen „Anglo-Continental Society" finanziell unterstützt, die allerdings Gottesdienstformen einforderte, die bei der italienischen Anhängerschaft Campellos auf wenig Akzeptanz stießen. Besondere Verbreitung fand seine Kirche in Umbrien, wohin auf Druck der Anglikaner sowie des christkatholischen Bischofs Eduard Herzog der Sitz der Kirchenleitung verlegt wurde. Campello ließ sich zum Bischof wählen und leitete in dieser Funktion die Synoden der italienischen Kirche, er wurde jedoch nie geweiht. Seine Kirche erreichte insgesamt nur etwa tausend Mitglieder. Campello selbst kehrte nach der Jahrhundertwende wieder zur römisch-katholischen Kirche zurück, viele seiner Anhänger schlossen sich den Waldensern an.

Ohne ein festes alt-katholisches Zentrum in Italien gab es in der Folgezeit immer nur lokale Aufbrüche, die in der Regel um einzelne Priester entstanden und eben mit deren Abkehr vom Alt-Katholizismus oder ihrem Tod wieder einschliefen. Eines dieser Zentren war bereits im ausgehenden 19. Jahrhundert Mailand, wo Filippo Cicchitti-Suriani eine Gemeinde aufbaute, den der Schweizer christkatholische Bischof Eduard Herzog zum Priester geweiht hatte. Auch den ökumenisch engagierten Dr. Ugo Janni weihte Herzog zum Priester;

er wirkte in San Remo. Janni versuchte einen Zusammenschluss seiner Gemeinde mit den Waldensern, was jedoch zur Auflösung der eigenen Gemeindegründung führte. Nach dem Zweiten Weltkrieg entstand um den Priester Luigi Caroppo ein alt-katholisches Zentrum in Scandiano in der Provinz Reggio Emilia. Seine Gemeinden standen unter der Jurisdiktion der IBK. Als Verbindungsorgan in der italienischen Extremdiaspora diente die Kirchenzeitung „Il dialogo". Durch Caroppos Umzug nach Apulien entstand auch hier ein alt-katholisches Zentrum. Im Jahre 1997 kam es zu einer Trennung von der IBK (vgl. auch *„Exkurs"* in der einleitenden Betrachtung „Jurisdiktionen der Utrechter Union").

1996 zog der tschechische Priester und psychologische Psychotherapeut Dr. Petr Živný nach Mailand, wo er im Raum der dortigen anglikanischen Aller-heiligen-Kirche eine kleine alt-katholische Gemeinde gründete, die sich der Ju-risdiktion der IBK unterstellte. Die IBK bestimmte als Delegaten den deutschen Bischof Joachim Vobbe, der mehrfach dorthin reiste und in verschiedenen Artikeln in *Christen heute* über die Entwicklung dieser Gemeinde berichtete. Der Beginn des neuen Jahrtausends erschien kurzzeitig wie ein neuer Aufbruch des Alt-Katholizismus in Italien. Weitere „Missionsgemeinden" entstanden in Turin und in Catania auf Sizilien sowie eine Diasporastation in Pavia (Lombar-dei), in Cabras auf Sardinien sowie in Reggio in Kalabrien und in Neapel. Unter der Leitung und Inszenierung von Petr Živný schien die italienische Kirche einen beachtlichen Aufschwung zu erfahren. Živný wurde am Nikolaustag 2003 von Bischof Joachim Vobbe sogar zum „Dekan für die alt-katholischen Gemeinden in Italien" ernannt. In der Folge erwies sich diese Euphorie jedoch als Strohfeuer. Als der neue Bischof der Schweizerischen christkatholischen Kirche, Harald Rein, der Nachfolger von Bischof Joachim Vobbe als Delegat der IBK seinen Antrittsbesuch in Italien machte, zeigte sich die italienische Kirche als Anlaufstelle für Menschen mit diffusen religiösen Vorstellungen und persönlichen klerikalen Geltungsbedürfnissen, weniger als fundierter kirchlicher Ansatz des Alt-Katholizismus.

Exkurs: Das katholische Amtsverständnis und die bischöfliche Struktur der alt-katholischen Kirchen bergen eine eigene Gefahr in sich. Matthias Ring beschreibt dies sehr zutreffend in einem Artikel zur Priesterinnenweihe durch den Vagantenbischof Braschi auf der Donau: „Der Katholizismus (der Alt-Katholizismus mit einbezogen) leidet meines Erachtens darunter, dass er das Weiheamt dermaßen überhöht hat, dass es einerseits eine Form annehmen kann, die mit Jesu Verkündigung wenig zu tun hat (Stichwort ,Klerikalismus'), andererseits gerade deshalb eine ungemeine Faszination ausübt, auf geeignete wie – leider nicht nur in Ausnahmefällen – völlig ungeeignete Personen."[86]

Was Ring hier in erster Linie im Hinblick auf das Priesteramt schreibt, gilt natürlich umso stärker für das Bischofsamt. Alt-katholische Priester in Diasporaländern, die unter der Jurisdiktion der IBK stehen, stammen fast alle aus einem traditionell-katholischen Umfeld. Aus dem Grundsatz „nulla ecclesia sine episcopo" und der Führungsrolle vor Ort wird allzu häufig der Anspruch auf das Bischofsamt abgeleitet. Wenn die alt-katholische Kirche als zölibatsfreies Miniaturmodell der großen römischen Ekklesia und ihrer mystischen Faszination verstanden wird, gerät sie zur Spielwiese, auf der religionsneurotische Bedürfnisse ausgelebt werden.

Der Leiter der italienischen Gemeinde, Petr Živný, trat im September 2010 von sämtlichen Ämtern zurück. Als inhaltliche Konfliktpunkte wurden die Auseinandersetzungen um die Frauenpriesterweihe sowie das alt-katholische Eintreten zugunsten homosexueller Partnerschaften genannt.[*] Die verfahrene Situation veranlasste dann die Utrechter Union nach zahlreichen Versuchen in fast 100 Jahren, in Italien Fuß zu fassen, einen mutigen Schlussstrich zu ziehen. In einer Erklärung der IBK vom 21. Juni 2011 heißt es: „Dr. Harald Rein, Bischof der Christkatholischen Kirche der Schweiz, hat in Absprache mit der Internationalen Altkatholischen Bischofskonferenz beschlossen, dass die Utrechter Union die Betreuung der sich zu den altkatholischen Kirchen zählenden Gemeinden in Italien auf den 1. Juli 2011 beenden wird. Grund für den Rückzug aus diesem Delegatsgebiet ist die problematische interne Situation. ... Den Gemeinden und deren Geistlichen in Italien werden zusammen mit ökumenischen Partnerkirchen Lösungen angeboten, die deren pastorale Betreuung garantieren."[87] Damit sind in die britischen und amerikanischen Gemeinden der anglikanischen Kirchengemeinschaft gemeint, deren Erfahrung und Organisation quasi weltweit eine Betreuung ihrer Mitglieder auch in der Diaspora ermöglicht.

---

[*] Zum Teil sind ehemalige Priester der alt-katholischen Kirche der PNCC beigetreten, die auch in Italien versucht, das Klientel derjenigen rom-unabhängigen Katholiken zu bedienen, die Frauenordination und Liberalität gegenüber Homosexuellen ablehnen, so etwa Luciano Bruno. In einem Beitrag in der deutschen Kirchenzeitung von 2005 wird er noch als Hoffnungsträger für die angeblich entstehende alt-katholische Gemeinde im Zentrum der päpstlichen Weltkirche, in Rom, erwähnt.

Die Spanische Bischöfliche Reformierte Kirche
„Iglesia Española Reformada Episcopal" und
die Lusitanisch-Katholisch-Apostolisch-Evangelische Kirche
„Igreja Lusitana Católica Apostólica Evangélica"
(keine Mitglieder der Utrechter Union, sondern der anglikanischen
Kirchengemeinschaft)

Exkurs: Auch auf der Iberischen Halbinsel bildeten sich aus Opposition gegen die Dogmen des Ersten Vatikanums zwei alt-katholische Kirchen, die jedoch nicht Mitglieder der Utrechter Union geworden sind, sondern sich der anglikanischen Kirchengemeinschaft anschlossen. In Spanien gründete der Priester Juan Bautista Cabrera schon im Vorfeld des Konzils 1868 in Gibraltar die „Spanische Bischöfliche Reformierte Kirche" (Spanish Episcopal Reformed Church), die sich an der Struktur der anglikanischen Kirche orientierte. Auch in Portugal waren etwas später aus Ablehnung der 1870/71-er Dogmen romunabhängige Gemeinden entstanden. Hier bestand durch die englische Kaufmannsfamilie Cassels bereits eine Verbindung zur anglikanischen Kirche. 1878 wandten sich diese reformierten katholischen Gemeinden in Spanien und Portugal an die Kirche von England mit der Bitte, für ihre Kirchen einen Bischof zu weihen. Die im selben Jahr tagende Lambethkonferenz beauftragte den (spanisch sprechenden) Bischof der amerikanischen Episkopalkirche für Mexiko, Henry Chauncey Riley, mit der Sorge für diese iberischen Gemeinden. Bischof Riley organisierte die iberischen Gemeinden in zwei Kirchen, neben der spanisch-reformierten entstand die portugiesisch sprechende „Lusitanisch-Katholisch-Apostolisch-Evangelische Kirche" (Lusitanian Catholic Apostolic Evangelical Church).

1883 beendete die amerikanische Episkopalkirche Rileys bischöfliche Zuständigkeit für Spanien und Portugal. Die spanische Synode hatte bereits 1880 Cabrera zu ihrem Bischof gewählt; sie wandte sich jetzt an die irische anglikanische Kirche mit der Bitte um Konsekration Cabreras. 1894 weihte der Bischof von Meath, William Conyngham Plunket (seit 1884 Erzbischof von Dublin, Glendalough und Kildare), Cabrera zum Bischof. Unter seinem Episkopat wuchs die Spanisch-Reformierte Kirche. Nach Cabrereas Tod 1916 gab es für lange Zeit keinen Nachfolger im Bischofsamt. Unter der Diktatur General Francos und dessen Nationalkatholizismus wurde die Spanish Reformed Catholic Church benachteiligt. 1954 wurde Santos M. Molina zum Bischof geweiht und es kam zu einem neuen Wachstum. Heute ist die Kirche in 20 Pfarreien aufgeteilt, in denen 22 Priester (darunter eine Frau) ihren Dienst verrichten. Der heutige Bischof ist Carlos Lopez Lozano. Die Spanisch-Reformierte Kirche hält sich für eine geistige Nachfolgerin der ursprünglichen Hispanischen Kirche. In der Liturgie drückt sich diese Tradition im sog. „Mozarabischen Ritus" (oder altspanische Liturgie) aus.

In einem Beitrag für die deutsche Kirchenzeitung 2012 berichtet Veit Schäfer über die portugiesische Kirche: „1958 wurde der nun wirklich als erster Bischof gezählte, D. António Ferreira Fiandor, geweiht und 1962 der zweite, D. Luís Rodrigues Pereira. In diesem Jahr wurde auch das Konkordat über die volle Kirchengemeinschaft mit der Anglikanischen Kirche geschlossen und 1965 das mit den Kirchen der Utrechter Union. 1971 wurde die Kirche Gründungsmitglied des Rates der Christlichen Kirchen Portugals. Sie gehört zudem dem Ökumenischen Rat der Kirchen (Weltkirchenrat) und der Konferenz der Europäischen Kirchen (CEC) an. Auch der Porvoo-Gemeinschaft von europäischen anglikanischen und lutherischen Kirchen sind die Lusitanier beigetreten. Seit 1950 erschien die Kirchenzeitung ‚O Despertar' (Erwachen, Weckruf), seit 1979 ‚O Novo Despertar'. 1980, im Jahr des Amtsantritts des dritten Bischofs Fernando da Luz Soares, integrierte sich die Kirche offiziell als so genannte extraprovinzielle Diözese in die Anglikanische Kirche und untersteht damit unmittelbar dem Erzbischof von Canterbury. Diese enge Verbindung führte wohl auch dazu, dass ein Priester der Lusitanischen Kirche 1967 zum Bischof einer anglikanischen Diözese in der Südafrikanischen Kirchenprovinz geweiht wurde. Die ganz Portugal umfassende Diözese besteht aus einem Nord- und einem Südteil, für die auf der Webseite der Kirche insgesamt 13 Gemeinden und zwei ‚Missionen'[angegeben werden]. Laut Weltkirchenrat hat die Kirche 5000 Mitglieder und zwölf Priesterinnen und Priester. A propos Priesterinnen: eine Synode im Jahr 1991 beschloss die Frauenordination, und 1997 wurden die ersten drei Frauen zu Priesterinnen geweiht."[88]

Trotz dieser vollständigen Integration in die Anglikanische Kirchengemeinschaft betonte der erwähnte Bischof Fernando Soares anlässlich des 125-jährigen Bistumsjubiläums der deutschen Kirche 1998 in Köln: „Wie die deutsche Kirche sind wir zwei nationale Kirchen seit 1880. Wir können sagen, dass unsere Kirchen gegründet wurden durch den Einfluss der Alt-Katholiken in Europa. Deswegen sind wir wirklich Schwesterkirchen, Kirchen, die seit mehr als hundert Jahren gemeinsam ihren Weg gehen. Manchmal gibt es natürlich unterschiedliche Wege, aber immer mit dem gleichen Ziel eines (altkirchlichen) Katholizismus in Europa."[89] *Soares war über 30 Jahre lang Bischof der lusitanischen Kirche. 2012 trat er aus Altersgründen zurück, die Synode wählte daraufhin den bisherigen Generalvikar, Rev. Dr. Jorge de Pina Cabral, zu seinem Nachfolger.*

Zusammen mit der eingangs erwähnten Philippinischen Unabhängigen Kirche besteht zu beiden bischöflichen Kirchen der Iberischen Halbinsel volle Kirchengemeinschaft durch Beschluss der IBK vom 21. September 1965. Durch die Einbindung der Kirchen der Utrechter Union in die Gremien der anglikanischen Kirchengemeinschaft besteht auch auf struktureller Ebene eine Zusammenarbeit

*mit der spanisch reformierten und der lusitanischen Kirche. Im Jahre 1999
nahm Bischof Joachim Vobbe an entsprechenden Konsultationen der anglikanischen Bistümer Europas teil, die damals im portugiesischen Vila Nova
de Gaia stattfanden. Die dortigen Gemeinden gehen noch auf den Gründer der
lusitanischen Kirche, James („Diogo") Cassels zurück. Im April 2005 kehrte
Vobbe an diesen sozialen Brennpunkt, einer Vorstadt Portos und zugleich
„Portwein-Metropole", zurück. Dass die Kirchengemeinschaft nicht nur in offiziellen Abkommen existiert, sondern auch in der diakonischen Zusammenarbeit lebt, ermöglichte eine Schenkung an das deutsche Bistum, das für be-
dürftige Kinder im Ausland bestimmt war. Sie wurde an Projekte der lusitanischen Kirche in dieser Region weitergeleitet.* [90]

*In einem Beitrag in der deutschen Kirchenzeitung 2012 betont der emeritierte
Schweizer Bischof Hans Gerny besonders die diakonische Ausrichtung der
lusitanischen Kirche: „Die kleine Kirche leistet ungewöhnlich viel Sozialarbeit
in Erziehung, Altersbetreuung, Armenhilfe, Arbeitslosenunterstützung etc. Nach
meiner Wahrnehmung wendet keine der alt-katholischen Kirchen nur im Ent-
ferntesten soviel Geld für Sozialarbeit auf. Nur diejenigen Mitarbeiter beziehen
Entschädigungen, die darauf angewiesen sind. Alle Kirchenglieder arbeiten eh-
renamtlich und ohne Entschädigungen irgendwelcher Art (ausgenommen natürlich Voll- oder Teilzeitangestellte). Viele Geistliche haben einen Brotberuf. Mit
der wirtschaftlich sehr schlechten Lage Portugals muss immer mehr für Sozial-
hilfe aufgewendet werden. Die Kirche kommt an die Grenzen ihrer wirtschaft-
lichen Kraft. Ich habe mir deshalb überlegt, ob es nicht sinnvoll wäre, wenn die
Hilfswerke der Utrechter Union Sozialwerke der Lusitanischen Kirche unterstützen würden. Ich habe erschütternde Berichte über Arbeitslosigkeit und Al-
tersarmut gehört. Wenn wir von Schwesterkirchen reden, müssten wir auch ge-
schwisterlich handeln!"* [91]

Die alt-katholische Kirche in Skandinavien
(„Gammalkatolska Kyrkan i Sverige" und „Gammelkatolsk Kirke i Danmark")

Alle bisher dargestellten alt-katholischen Kirchen haben ihren Ursprung im Katholizismus. Von der Papstkirche haben sie sich aus unterschiedlichen Motiven getrennt (bzw. die Unfehlbarkeitsgegner von 1870/71 wurden von Seiten der römischen Kirche exkommuniziert).

In Schweden ist es fast hundert Jahre nach den Ereignissen des ersten vatikanischen Konzils erstmals aus einem protestantischen Umfeld heraus zur Bildung einer alt-katholischen Kirche gekommen, so dass die eingangs zitierte Einteilung von Urs Küry in drei Gruppen der Entstehung alt-katholischer Kirchen nicht mehr passt, nämlich:
1. aus Eigenständigkeit der Utrechter Kirche,
2. aus Opposition gegen die Papstdogmen von 1870/71 und
3. aus nationalen Beweggründen in Amerika und Osteuropa.

Die Initiative ging auf einen ehemaligen Pfarrer der lutherischen Staatskirche Schwedens, Sven-H. Jakobsson, zurück, der in den 60er Jahren spürte, dass die Staatskirche nicht mehr seine geistige Heimat sein könne. Er trat offiziell aus der lutherischen Kirche aus. Jakobsson hatte sich mit dem Alt-Katholizismus beschäftigt und fühlte sich mit ihm verbunden. In privatem Engagement warb er Gleichgesinnte in Schweden an und baute seine Garage zu einem Gottesdienstraum um. Christoph Schuler berichtet von einem Besuch in Schweden 1986: „Von außen präsentiert sie sich als Garage, von innen ist es eine katholische Kirche mit Altar, Jesus am Kreuz und Ewigem Licht. Die Ikonen an den Wänden sind Geschenke von syrischen Gemeindemitgliedern. Keineswegs ist diese Kirche eine Versteckkirche. Am Sonntag zum Gottesdienst oder sonst zu Glaubensgesprächen ist jedermann willkommen. Die Gemeinde inseriert in den Tageszeitungen und macht sich bekannt durch die Medien. So schaut mancher hinein, viele finden die Arbeit der Gemeinde interessant, nützlich, glaubhaft – und einige bleiben. Die Gemeinde wächst und umfasst heute [1986] 110 Personen. ‚Wir geben den Leuten eine geistige Heimat', meint Pfarrer Jakobsson."[92]

Jakobsson nahm 1968 Kontakt zum (nächst gelegenen) alt-katholischen Bischof auf: Josef Brinkhues in Deutschland. Von Seiten der alt-katholischen Kirchen nahm man zunächst wenig Notiz von den Aktivitäten in Skandinavien. 1972 gründete Jakobsson offiziell die erste alt-katholische Gemeinde in Malmö. Die eigene Kirchenzeitung „Sursum cordas" informierte über die Anliegen des Alt-Katholizismus und hatte Ende der 80er Jahre bereits eine Auflage von mehreren hundert Exemplaren. 1977 wurde die Alt-Katholische Kirche in Skandinavien offiziell der Jurisdiktion der IBK unterstellt. 1988 weihte Bischof Josef Brinkhues in Malmö einen Diakon zum Priester als Nachfolger von

„Vater" Jakobssons, der sich Ende der 1980er Jahre aus gesundheitlichen Gründen aus dem aktiven Pfarrdienst zurückzog. Weitere Gemeinden bildeten sich
in Schweden und Dänemark.

Wie schon im Bezug auf die anderen Diaspora-Gemeinden unter der Jurisdiktion der IBK angemerkt, scheint auch für die skandinavischen Gemeinden
die Einbindung in eine vor Ort existierende Schwesterkirche, mit der die
Utrechter Union in enger Gemeinschaft steht, eine geeignete Lösung darzustellen (vgl. etwa diesbzgl. die Ausführungen im Kapitel „Italien"). In Schweden wächst eine solche geschwisterliche Verbundenheit zur Lutherischen Kirche
– von der sich „Vater Jakobsson" ja aus Unzufriedenheit abgewandt hatte. Vor-
bereitet wurde diese Annäherung der alt-katholischen Kirchen der Utrechter
Union mit der Kirche von Schweden durch die Kirchengemeinschaft der Anglikaner mit den skandinavischen und baltischen lutherischen Kirchen.

*Exkurs: Durch die Vereinbarungen von Porvoo (benannt nach der finnischen
Stadt, luther. Bischofssitz) zwischen den britischen und irischen anglikanischen
Kirchen einerseits und den lutherischen Kirchen Skandinaviens und des Baltikums auf der anderen Seite besteht zwischen diesen beiden Kirchengemeinschaften nach der Ratifizierung der „Gemeinsamen Feststellung" vom 13. Oktober 1992 offizielle Gemeinschaft „in Wort und Sakrament, Amt und
Sendung".* Während dieser wichtige ökumenische Schritt von den meisten alt-
katholischen Theologen begrüßt wurde, stellte sich für die schwedische alt-katholische Kirche vor Ort die Frage nach ihrem eigenen Verhältnis zur lutherischen Staatskirche. Matthias Ring kommentierte 1999: „An dieser Klärung mit-
zuarbeiten, ist die alt-katholische Theologie allemal gefragt, denn da einer der
Porvoo-Partner, die anglikanischen Kirchen, mit uns in voller Gemeinschaft
steht, sind wir indirekt mitbetroffen."[93]*

Die im August/September 1999 in Wislikofen tagende alt-katholische Theologenkonferenz betrachtete das Porvoo-Dokument entsprechend als „Anregung zu
alt-katholischer Selbstreflexion" und formulierte als Herausforderung ihrer Kirchen die „Prüfung der Möglichkeit zur Aufnahme eines Dialogs mit den lutherischen Kirchen auf Weltebene durch die Internationale Bischofskonferenz der
Utrechter Union".

„Am 22. und 23. März 2005 fand in Haarlem eine erste Konsultation zwischen
Vertretern der Utrechter Union und der Kirche von Schweden statt. Die Kirche
von Schweden gehört zu den sogenannten ‚Porvoo-Kirchen', d.h. zu den

---

* Die „Porvooer Gemeinsame Feststellung" ist als zweisprachige Textausgabe und einer
kurzen (positiven) Kommentierung durch den alt-katholischen Anglikanismus-Experten
Dr. Thaddäus A. Schnitker veröffentlicht worden: Heft für Gemeindearbeit und Theologie
Nr. 12, Bistumsverlag, Bonn, 1999.

lutherischen Kirchen Skandinaviens und des Baltikums, die durch die Unterzeichnung der ‚Porvooer Gemeinsamen Feststellung' vom 13. Oktober 1992 mit der Kirche von England in voller Kirchengemeinschaft stehen. ... Am Ende dieses ersten intensiven Austauschs kam man überein, die Gespräche fortzusetzen. Schwerpunkte sollen Fragen der Ekklesiologie und damit verbunden des Amtsverständnisses und der Apostolischen Sukzession und der Sakramenttheologie sein sowie eine Diskussion über das Porvoo-Dokument und seine mögliche Relevanz auch für die Gespräche zwischen der Utrechter Union und der Kirche von Schweden.", berichtete Günter Esser über den aktuellen Stand der Beziehung zur Schwedischen Staatskirche. [94]

Der Dialog der Utrechter Union mit der Kirche von Schweden ist seither intensiv geführt worden. Ziel ist es, eine „mögliche Form von Gemeinschaft" zu finden. Im April 2013 tagte die gemeinsame Kommission vorläufig zum letzten Mal und verabschiedete das Abschlussdokument, das jetzt den Kirchen zur Rezeption vorgelegt werden soll. Der niederländische Bischof von Haarlem, Dirk Schoon, berichtet hierüber auf der Internetseite der Utrechter Union: „Während der intensiven Sitzungen legte die Kommission letzte Hand an das Dokument, das als Basis für die kirchliche Gemeinschaft dienen soll, welche die Kirchen – nachdem die Zustimmung aller Beteiligten vorliegt – eingehen können. Das Dokument besteht aus verschiedenen Kapiteln. Am Anfang wird kurz auf den Grund für den Dialog und dessen Entstehungsgeschichte eingegangen. Anschließend stellen die Kirchen sich selbst vor: ihre historische Entwicklung, ihr heutiges Kirche-Sein und ihre Theologie. Ein weiteres Kapitel beschäftigt sich mit der gemeinsamen Vorstellung dessen, was die Kirche ist, und wie sie funktioniert. Danach folgt ein Kapitel mit Fragen, über die noch weiter gesprochen werden muss, auch in Bezug auf andere Kirchen, mit denen die beiden Kirchen noch Dialoge führen. Den Schluss bildet eine Liste mit Empfehlungen. Das Dokument wird – bevor es veröffentlicht wird – den Leitungsgremien der betroffenen Kirchen übergeben, wobei die Kommission natürlich auf eine gute Aufnahme hofft. Sie betrachtet auf jeden Fall ihre umfangreiche Aufgabe als abgeschlossen, wofür der Vorsitzende im Schlussgebet nach der letzten Sitzung Gott dankte. "[95]

Frauenordination und Krise der Utrechter Union

Wie eingangs bereits dargestellt, hat die Frage der Frauenordination die jüngere Entwicklung der Utrechter Union stark geprägt. Bereits 1976 hatte sich die IBK mit der Frage der Zulassung von Frauen zu den kirchlichen Ämtern befasst und folgende Erklärung abgegeben: „Die Internationale Alt-Katholische Bischofs-konferenz der Utrechter Union kann, in Übereinstimmung mit der alten, unge-teilten Kirche, einer sakramentalen Ordination von Frauen zum katholisch-apostolischen Amt eines Diakons, Presbyters und Bischofs *nicht* zustimmen.“[96] Diese Erklärung wurde jedoch nicht von allen Bischöfen der IBK angenommen; es gab eine Gegenstimme. Insofern handelte es sich hierbei nicht um einen ver-bindlichen Beschluss der IBK, der ja laut Statut der IBK einstimmig erfolgen muss, worauf später immer wieder hingewiesen wurde, als 20 Jahre später in Deutschland am Pfingstmontag in der Konstanzer Christuskirche die ersten bei-den Frauen zu Priesterinnen geweiht wurden.

Unabhängig von der Mehrheitsmeinung der Bischöfe aus dem Jahr 1976 verlief zumindest in den westeuropäischen Kirchen der synodale Prozess eindeutig weiter in Richtung zur vollen Integration von Frauen in die apostolischen Ämter. Gefördert wurde diese Entwicklung einerseits durch die diesbezüglichen Schritte der in „Full communion“ stehenden anglikanischen Kirchen sowie durch neue exegetische und historische Erkenntnisse.

Exkurs: *Bekannt ist die Passage des Römerbriefes: „Grüßt Andronikus und Junias, die zu meinem Volk gehören und mit mir zusammen im Gefängnis wa-ren; sie sind angesehene Apostel und haben sich schon vor mir zu Christus be-kannt.“ (Röm 16, 7). Hier wird unter dem Namen ‚Junias‘ ein Apostel genannt. Allerdings gibt es den männlichen Namen Junias gar nicht, sondern nur den Frauennamen Junia. In der Textgeschichte verändert sich der Name nachweis-lich von Junia zu Junias, so dass für die Urkirche von einem Apostelinnenamt auszugehen ist.*

Es konnte nachgewiesen werden, dass sich die römische Amtskirche veranlasst gesehen hat, diese frühchristliche Quelle (Röm 16) – immerhin ein kanonischer Text des Neuen Testamentes – zu fälschen, damit die männliche Amtstheologie nicht durch einen Apostelbrief unterlaufen wird. In den patristischen Texten lässt sich mehrfach nachweisen, dass Junia noch unhinterfragt als Frau akzep-tiert wird, etwa bei Johannes Chrysostomus (in seinen Homilien zum Römer-brief, die Isidor von Pelusium als das exegetisch beste Werk des Johannes Chrysostomos bezeichnet) oder bei Origenes, von dessen Kommentar des Rö-merbriefes größere Fragmente erhalten geblieben sind.[97] Erst im 13. Jahrhun-dert unter der Herrschaft Papst Bonifatius VIII. lässt sich eine Veränderung des Textes durch Ägidius von Rom feststellen.

*In seinem Hirtenbrief zur Frauenordination stellte Bischof Joachim Vobbe 1996
daher schlicht fest: „Den Titel ‚Apostel' erhalten überdies auch neben Barnabas
die frühen Glaubensboten Andronikus und Junia, mithin eine Frau.* Andere
Frauen werden benannt als Diakonin, als Tätige im missionarischen Dienst, als
Mitarbeiterinnen des Apostels und als Leiterinnen von christlichen Haus-
gemeinden. (Phil 4, 2: Evodia und Syntyche; Phlm 2: Aphia; Apg 18: Priska
und Aquila; Röm 16, 6: Maria; Röm 16, 1: Tryphäna, Tryphosa und „die liebe
Persis"; 1Kor 1, 11: Chloë bzw. Kol 4, 15: Nympha). "[98]*

Eine Vorreiterrolle innerhalb der Utrechter Union zugunsten der Öffnung der
apostolischen Ämter für Frauen übernahm die deutsche alt-katholische Kirche,
wo sich 1981 die Bistumssynode zunächst für die (Wieder-)Einführung des Dia-
konats von Frauen aussprach. Die IBK stellte damals aufgrund der theologischen Forschungslage und der ökumenischen Entwicklung fest, dass dem Dia-
konenamt der Frau nichts im Wege stehe; sie überließ eine eventuelle Wieder-
einführung den jeweiligen Ortskirchen. 1987 wurde Doris Zimmermann in der
Schweiz zur ersten alt-katholischen Diakonin geweiht, am 26. November 1988
wurde Angela Berlis in der Essener Friedenskirche zur ersten deutschen alt-
katholischen Diakonin geweiht. Die Internationale Alt-Katholische Theologenkonferenz hatte schon 1984 festgestellt, dass die Argumente, wonach Frauen
vom priesterlichen Amt ausgeschlossen wurden, auf überholten, nichttheologi-
schen Voraussetzungen beruhten. Dies mache eine Überdenkung der Frauenordinationsfrage notwendig. Damit setzte eine neue Auseinandersetzung mit
dieser Thematik in den Kirchen der Utrechter Union ein. Der theologische Dis-
kurs wurde nicht nur innerhalb der alt-katholischen Kirchengemeinschaft geführt, sondern er führte zum vertieften Erfahrungsaustausch mit anderen Kirchen der Ökumene, insbesondere mit der anglikanischen Kirchengemeinschaft.

Die deutsche Bistumssynode beschloss 1989 die Einbeziehung der Frau in das
dreifache priesterliche Amt, allerdings schränkte sie diese prinzipielle Befür-
wortung ein: „Mit Rücksicht auf die Schwesterkirchen wird die sofortige Aus-
führung zurückgestellt."[99] Daraufhin beschloss die IBK 1991 im Schweizerischen Wislikofen, die Klärung dieser Forderung bis 1995 (ein späteres Communiqué sagte: 1996) in allen Mitgliedskirchen und mit den anderen christlichen
Kirchen abzuschließen, um eine gemeinsame Entscheidung der Kirchen der
Utrechter Union herbeiführen zu können. Im gleichen Jahr vertagte die 50. deutsche Bistumssynode in Rothenburg o.d.T. die Einführung der Frauenordination

---

* Die alt-katholische Gemeinde in Augsburg hat diese Forschungserkenntnisse
aufgegriffen, indem sie ihr erstes eigenes Gotteshaus im Sheridan-Park „Apostelin-
Junia-Kirche" genannt hat. Bischof Matthias Ring hat die selbst gebaute Kirche im
Sommer 2012 eingeweiht. Die Gemeinde in Augsburg hat passenderweise auch eine
hauptamtliche Seelsorgerin: Alexandra Caspari wurde 2009 zur Pfarrerin der Augsburger
Gemeinde gewählt.

auf die nächste Synode – aufgrund eines eindringlichen Appells des amtierenden Bischofs Dr. Sigisbert Kraft zur Rücksichtnahme auf die noch laufenden
Gespräche in der Utrechter Union.

Als die 51. deutsche Bistumssynode 1994 dann mit überwältigender Mehrheit
(124 Ja-Stimmen zu 10 Neinstimmen und 2 Enthaltungen) die Zulassung von
Frauen zu allen ordinierten Ämtern beschloss, kam es innerhalb der Utrechter
Union zum offenen Konflikt. Im August 1994 fand in Delft der Internationale
Alt-Katholikenkongress statt. Im Anschluss tagte die IBK und beriet über ihre
Position gegenüber dem Vorgehen des deutschen Bistums. Die IBK sah sich gezwungen, zwischen zwei Möglichkeiten zu entscheiden, nämlich „den 1991 ein-
geschlagenen Weg der gemeinsamen Entscheidungssuche weiter(zu)gehen oder
ihn mit der deutschen Kirche auf(zu)geben".[100] Man entschied sich zwar, die
deutsche Kirche nicht aus der Utrechter Union auszuschließen und weiter nach
einem Konsens zu suchen, aber die Mitgliedschaft des deutschen Bischofs in
der IBK sollte vorläufig ruhen. Insbesondere in Österreich und in der Schweiz
bedauerten Synoden und Einzelstimmen diese IBK-Entscheidung ausdrücklich
und sprachen sich für die Einführung der Frauenordination in ihren Kirchen aus.

Der amtierende deutsche Bischof Sigisbert Kraft erklärte in der Folge, er werde
in den Ruhestand treten, sobald ein Nachfolger gewählt und geweiht sei. Noch
im selben Jahr wählte die 52. ordentliche Bistumssynode Joachim Vobbe zum 9.
deutschen alt-katholischen Bischof und richtete an die IBK die Bitte, ihren Beschluss, die Mitgliedschaft des deutschen Bischofs ruhen zu lassen, aufzuheben.
1995 tagte die Bischofskonferenz im polnischen Konstancin. Eine erneute Konferenz zur Frauenordination in der Utrechter Union wurde für 1997 (wieder in
Wislikofen) vereinbart. Die IBK beschloss 1995 folgenden Kompromiss: „Der
deutsche Bischof versucht, seine Kirche zu überzeugen, dass eine Verschiebung
der Weihe von Frauen zu Priesterinnen auf die Zeit nach Wislikofen II zur
Heilung des geschwächten Zustandes der Utrechter Union viel beitragen könnte.
Gelingt ihm diese Verschiebung nicht, übt er seine Mitgliedsrechte in der IBK
nicht aus, bis zum Zeitpunkt, da an der Konferenz in Wislikofen 1997 Beschlüsse gefasst werden".[100]

In der Folge kam es im deutschen Bistum zu regen Diskussionen darüber, ob
aus Rücksicht auf diese Forderungen der IBK der für Pfingsten 1996 geplante
Weihetermin von Angela Berlis und Regina Pickel-Bossau verschoben werden
solle. Diskutiert wurde auch, ob ein einseitiges Vorgehen der deutschen alt-
katholischen Kirche als kleine Ortskirche mit ihrem ökumenischen und katholischen Anspruch vereinbar sei. In dieser Situation wurde die Bedeutung der vollen Kirchengemeinschaft mit den Anglikanern neu bewusst, die die Frauenordination schon eingeführt hatten. Bischof Sigisbert Kraft hatte aus dieser Perspektive bereits Ostern 1994 einen Bericht des Hauses der Bischöfe der Kirche

von England zur Frauenordination in deutscher Übersetzung veröffentlicht.[101] 1978 hatte die Lambethkonferenz der Anglikanischen Kirchengemeinschaft ihren autonomen Mitgliedskirchen freigestellt, die Frauenordination einzuführen. Bereits am 1. Januar 1977 hatte die (anglikanische) Episcopal Church in the USA (ECUSA) die erste reguläre Priesterinnenweihe vollzogen. Die (alt-katholische) Polnischkatholische Kirche der USA hatte daraufhin 1978 einseitig die Sakramentsgemeinschaft mit der ECUSA aufgekündigt. Zwanzig Jahre nach dem Bruch mit der ECUSA drohte die PNCC 1995, auch mit der deutschen altkatholischen Kirche die Sakramentsgemeinschaft zu brechen, wenn es tatsächlich zur Weihe von Frauen käme.

Exkurs: In der amerikanischen Episkopalkirche waren „im vorauseilenden Gehorsam" schon am 29. Juli 1974 elf Diakoninnen in Philadelphia zu Priesterinnen geweiht worden. Zu diesem Zeitpunkt war diese Weihe kirchenrechtlich innerhalb der ECUSA noch nicht genehmigt. Durch diesen „unerlaubten Akt" sei dem Anliegen der Frauenordination durch die „Macht des Faktischen" besonderer Nachdruck verliehen worden – mit diesem Argument werden auch Spektakel wie die (natürlich von Seiten der römischen Amtskirche verbotene) Weihe römisch-katholischer Frauen durch einen Vagantenbischof im Sommer 2002 befürwortet.

Es muss dabei jedoch unterschieden werden, dass 1974 die weihenden Bischöfe aus der Mitte der Episkopalkirche stammten, während die Episcopi vagantes Hickman, Braschi usw. als „Hirten ohne Herden" agieren. Allerdings betont Angela Berlis im Aufsatz „Von Martha und Maria zu Peter und Paul" anlässlich der Priesterinnen-Weihe 2002 auf der Donau, dass auch die drei 1974 beteiligten anglikanischen Bischöfe allesamt keine amtierenden Diözesanbischöfe waren. Nach Berlis' Argumentation liegt der gravierende Unterschied zwischen der ECUSA-Priesterinnenweihe von 1974 und der Vagantenweihe römisch-katholischer Frauen v.a. im synodalen Kontext beider Ordinationen: „Während die ECUSA damals auf dem Weg zur Öffnung des Priesteramtes für Frauen war, haben offizielle römisch-katholische Verlautbarungen der letzten Jahre zunehmend alle Türen verschlossen und damit versucht, jegliche Diskussion im Keim zu ersticken."[102] Insofern ist nicht nur der Standort der Ordinierenden und Ordinierten völlig anders zu bewerten (auf der einen Seite eine Reformbewegung innerhalb der ECUSA – andererseits von jeder kirchlichen Struktur ausgegrenzte Sektierer), sondern v.a. die Rezeption der jeweiligen Weihen. Angela Berlis führt aus, dass die ECUSA-Priesterinnen einen Dienst in ihrer Kirche übernommen haben, wodurch der Entscheidungsprozess innerhalb der amerikanischen Episkopalkirche zugunsten der Frauenordinationen katalysiert wurde: „Die Mehrzahl der 1974 geweihten Frauen arbeitete nach ihrer Weihe als Gemeindepriesterinnen, als geistliche Begleiterinnen in Hospitälern und Kliniken, andere auch als Theologinnen."[102]

Im Sinne des synodalen Prozesses innerhalb der deutschen alt-katholischen Kirche wurde Ende Januar 1995 ein Seminar zum Thema Frauenordination in Rastatt durchgeführt. Um einen breiten Kreis zu erreichen, wurde hierüber eine Dokumentation erstellt und veröffentlicht.[103] Des Weiteren erschien Anfang 1996 der erwähnte Hirtenbrief „Geh zu meinen Brüdern"[98], in dem Bischof Joachim Vobbe ausführlich die biblischen, theologischen und kirchengeschichtlichen Aspekte, die für die Ordination von Frauen richtungweisend sind, erläuterte. Am Pfingstmontag, den 27. Mai 1996, feierte die deutsche Kirche die Priesterinnenweihe von Regina Pickel-Bossau und Angela Berlis in Konstanz. Vom 28. Mai datierte ein Schreiben der Bischöfe der PNCC an Bischof Vobbe, in dem es hieß: „It is clear that the German Church had broken full communion with our church by the action witch it had taken."[100]

Vom 6. bis zum 15. Juli 1997 tagte die IBK erneut in Wislikofen, um abschließend die Frage der Frauenordination zu behandeln. Die Mehrheit der Bischöfe entschied, dass die Einführung der Ordination von Frauen zum priesterlichen Dienst in die Verantwortung einer jeden alt-katholischen Ortskirche falle. Der deutsche Bischof nahm wieder alle Rechte und Pflichten innerhalb der IBK der Utrechter Union wahr und wurde als Beauftragter der IBK für Kontakte mit der anglikanischen Kirchengemeinschaft eingesetzt. Aufgrund der aufgekündigten Gemeinschaft der PNCC mit dem deutschen Bistum und ihrer Ankündigung, mit jeder Kirche, die die Frauenordination beschließe, ebenfalls die Interkommunion zu brechen, existierte innerhalb der Utrechter Union seit diesem Zeitpunkt de facto keine volle Gemeinschaft mehr. Da die meisten Bischöfe der IBK die umfassende Union – also auch die Sakramentsgemeinschaft – aufrechterhalten wollten, unabhängig davon, welche Haltung die jeweilige Kirche zur Priesterinnenweihe einnehme, schlossen sich die Vertreter aller anderen Kirchen (außer der PNCC) zur „Utrechter Communio" zusammen. In dieser verfahrenen Situation wurde beschlossen, dass die IBK 6 Jahre später erneut über die Frage beraten wolle, um die weitere Entwicklung in diesem Zeitraum abzuwarten.

1997 weihte die Altkatholische Kirche Österreichs erstmals Frauen zu Priesterinnen, die Synoden der Christkatholischen Kirche und der niederländischen altkatholischen Kirche beschlossen 1998 ebenfalls die Zulassung von Frauen zur Priesterweihe. An der Sitzung der IBK 1999 in Egmond aan Zee nahmen die Vertreter der PNCC nicht mehr teil. Im Communiqué der IBK hieß es: „Die polnischen Bischöfe hielten demgegenüber mit Nachdruck fest, dass sie trotz solcher Meinungsverschiedenheiten treu zur Utrechter Union stehen wollten. Sie betonten zudem ihre absolute Unabhängigkeit von der amerikanischen Kirche. ... Auch die tschechische Kirche bekräftigte trotz unterschiedlicher Meinung ihr Festhalten an der Utrechter Union."[104]

Schlussbetrachtungen

Die jüngste Entwicklung der Utrechter Union zeigt, dass im Laufe ihrer Geschichte zu wenig realisiert wurde, dass allein aus der Ablehnung des päpstlichen Unfehlbarkeitsanspruches keine einheitliche theologisch-spirituelle Haltung abgeleitet werden konnte. Die alt-katholische Kirchenvereinigung war in erster Linie ein kirchenpolitischer Zusammenschluss, um im ökumenischen Kontext nicht übersehen zu werden. In der Vergangenheit schlugen sich solche Versuche auch sprachlich nieder, wenn versucht wurde, über die Grenzen der Utrechter Union hinaus eine „Gruppe von autonomen katholischen Kirchen der Welt" zu proklamieren, so etwa Wolfgang Krahl, der von 1959 – 1976 den „Alt-Katholischen Internationalen Informationsdienst" (AKID) leitete. Der Alt-Katholikenkongress 1957 in Rheinfelden hatte beschlossen, eine eigene internationale alt-katholische Presseagentur zu gründen. Hierunter wurden auch die anglikanischen und orthodoxen autokephalen Kirchen summiert, um einen dritten Block gegenüber der römisch-katholischen Kirche und dem Protestantismus darzustellen.

Durch dieses äußere Einheitsstreben, das sich hingegen zu wenig auf innere Gemeinsamkeiten gründete, ist es besonders in denjenigen Kirchen, die etwa durch ihre geographische Lage oder aufgrund einer spezifischen Mentalität von der Entwicklung in den übrigen alt-katholischen Kirchen isoliert waren, zu einer deutlichen Auseinanderentwicklung gekommen. Matthias Ring verweist in einem Kommentar vom Januar 2004 auf den verstorbenen Professor Herwig Aldenhoven, der bereits einige Jahre zuvor sinngemäß geäußert hatte: „Vielleicht bemerken wir nun, dass die Utrechter Union nicht als spirituelle, sondern als kirchenpolitische Gemeinschaft entstanden ist. Mit anderen Worten: Man hat in den vergangenen 100 Jahren Kirchen in die Union aufgenommen, die in Frontstellung zum römischen Zentralismus standen, ohne sich zu fragen, ob die theologischen und spirituellen Gemeinsamkeiten ausreichend seien, um auch bei unterschiedlichen Standpunkten in Einzelfragen noch genügend Gemeinsames zu entdecken."[2]

Natürlich liegt die Gefahr der *Ungleichzeitigkeit der Entwicklung* im Wesen nicht-zentralistischer Kirchen. Dies gilt schon für einzelne Gemeinden oder Personen einer Ortskirche, wie etwa im Hinblick auf die Haltung gegenüber der Segnung gleichgeschlechtlicher Paare in mehreren Kirche der Utrechter Union zu beobachten ist; es gilt natürlich um so mehr für ganze Kirchen einer Kirchengemeinschaft, die ihren je eigenen Weg mit eigenem Tempo gehen. Die erwähnte Auseinandersetzung über den kirchlichen Umgang mit Homosexualität spiegelt diese Spannung etwa innerhalb der Anglikanischen Kirchengemeinschaft wider. Die unterschiedliche Geschwindigkeit von Reformprozessen stellte schon am Anfang der Utrechter Union ein Problem dar. Der emeritierte Schweizer Bischof Hans Gerny stellt in einem Aufsatz zum hundertsten Jubiläum der

Utrechter Union 1989 fest: „Schon im Protokoll der Gründungssitzung vom 24. September 1889 in Utrecht werden Schwierigkeiten und Spannungen spürbar. Die holländische Kirche äußerte damals starke Zweifel an der Zuverlässigkeit und Glaubenstreue der deutschen und schweizerischen Altkatholiken. Vor allem die Auffassung über das Papsttum, die Zölibatsfrage, die starke Beteiligung der Laien an der Kirchenleitung und die Abendmahlslehre weckten beim niederländischen Episkopat große Bedenken."[105]

Es gibt kein Patentrezept, um dieser Problematik zu begegnen. Eine wichtige Voraussetzung ist jedoch das Bemühen, miteinander im Kontakt zu bleiben. Das gilt innerhalb des eigenen Bistums, wenn wir uns aufmuntern, gegenseitig Nachbargemeinden zu besuchen. Gerade den kleinen Diasporagemeinden bekommt ein Besuch aus den anderen Gemeinden immer wieder gut, wenn sie spüren, dass sie nicht ganz so allein und verloren sind, wie es ihnen oft erscheint. Gegenseitige Kontakte können verhindern, dass in bestimmten Gemeinden „eingeschworene Grüppchen" entstehen, die eine „Nischenmentalität" entwickeln und sich von der spirituellen Entwicklung im übrigen Bistum abkoppeln. Andererseits ist der Besuch in einer anderen Gemeinde, das Erleben anderer Prediger, einer unterschiedlichen liturgischen Gewichtung und Ausgestaltung auch für den Besucher immer ein Gewinn, der Anregungen und neue Impulse erfahren kann, was den „eingespielten Trott" in der Heimatgemeinde relativiert.

Was innerhalb der Gemeinden der eigenen Kirche zutrifft, gilt natürlich erst recht für den Besuch anderer Kirchen. Damit sind einerseits andere Konfessionen gemeint, aber auch die Gottesdienste und sonstigen Veranstaltungen der altkatholischen Schwesterkirchen in der Utrechter Union. Ich hatte als Kind das Glück, dass meine Eltern mit mir häufig Reisen an Orte unternommen haben, wo es alt-katholische Kirchen gab. Dadurch habe ich viele Gemeinden in unserem deutschen Bistum kennen gelernt, aber darüber hinaus auch in der holländischen und österreichischen, in der polnischen, tschechischen und Schweizer Kirche. Aus dieser Sozialisation ist eine Verbundenheit mit der alt-katholischen Bewegung entstanden, die eben über das deutsche Bistum hinaus besteht.

Hans Gerny führt im oben zitierten Aufsatz anlässlich des hundertsten Jubiläums der Utrechter Union aus: „Wir müssen härter füreinander kämpfen, mit mehr Einsatz für die Einheit unserer Kirchen einstehen und wohl auch mehr Zeit, Kraft, Arbeit, Gebet für das Zusammenleben mit den anderen altkatholischen Kirchen aufwenden. Wir müssen uns mehr miteinander befassen, einander besser kennen lernen. Die Kontakte über die Grenzen müssen intensiviert werden. ... Und wenn wir in ein Land reisen, wo es altkatholische Kirchen gibt, sollten wir versuchen, ihre Gottesdienste zu besuchen. Denn in der Liturgie kann man viel vom Denken und Fühlen einer anderen Kirche spüren[*] – auch wenn man die Sprache nicht versteht."[105]

Ein Vierteljahrhundert später kann festgestellt werden, dass durch den schmerzlichen Klärungsprozess im Bezug auf die Frauenordination diejenigen Kirchen der Utrechter Union enger zusammengefunden haben, die eine Ekklesiologie teilen, wonach eine katholische Kirche sich als „allgemeine christliche Kirche" versteht, die sich auf die Glaubensgrundsätze bezieht, die bis zum abendländischen Schisma von 1054 sowohl in der Ost- als auch in der Westkirche anerkannt wurden. Im Sinne des synodalen Verständnisses einer „Ecclesia semper reformanda" ist die Kirche in ihrem Auftrag, das Evangelium jeweils in der Jetzt-Zeit zu verbreiten, frei, sich den Erfordernissen oder Erkenntnissen der Gegenwart anzupassen. Die Aufgabe des Zölibatszwanges oder die Einbindung der Frau in das priesterliche Amt zur Vervollständigung dieses Auftrages sind daher möglich, ohne dass Glaubensgrundsätze verändert werden.

Durch die „Krise der Utrechter Union" sind jene Kirche enger zusammengekommen, die den Verkündigungsauftrag in diesem Sinne umzusetzen versuchen und deren Selbstverständnis nicht in der Beibehaltung einer klerikalen Struktur im Sinne des römischen Beispieles besteht. Die Bedürfnisse jener katholisch geprägten Menschen, die solch eine klerikale Struktur festhalten möchten, welche aber zugleich unabhängig von der vatikanischen Macht sein soll, scheinen jetzt jene Gemeinschaften zu befriedigen, die sich in der „Union von Scranton" zusammengeschlossen haben. Die Motivation zur Nachahmung des römischen Systems liegt oft in der persönlichen Enttäuschung dieser Personen, weil ihnen kirchliche Ämter in der römischen Kirche aus unterschiedlichen Gründen verwehrt wurden bzw. (noch traumatischer!) wenn sie aufgrund eines Verstoßes gegen den römischen Codex ihres Amtes enthoben wurden. Insofern kann die schmerzhafte Trennung von der PNCC und ihren heutigen Bündnispartnern auch als Klärungsprozess verstanden werden im Bezug auf das Selbstverständnis alt-katholischer Kirchen der Utrechter Union.

Die Schwierigkeiten des gemeinsamen Lebens der Kirchen der Utrechter Union sind zum Teil hausgemacht. Wie eingangs dargestellt, ist die IBK das einzige

---

[*] Gernys Plädoyer für ein „Spüren der Kirche" (Sentire Ecclesiam) hat er auch in seinem Impulsreferat auf dem Prager Alt-Katholikenkongress herausgestellt: „Mit ‚fühlen' ist mehr gemeint als nur reine Emotionalität. Fühlen hat viel mit Erkenntnis, mit sich in etwas Hineinversetzen, mit Verständnis, mit Überwinden des Ichs zu tun."[106] Dass der Geist Gottes in der Liturgie lebendig ist und wie am Pfingsttag Sprachbarrieren überwinden kann, bestätigte Gernys lusitanischer Amtsbruder Fernando Soares in seinem Grußwort zum 125-jährigen deutschen Bistumsjubiläum: „Es ist das erste Mal in meinem Leben, dass ich an einem Gottesdienst teilnehme, in dem ich nicht ein einziges Wort verstanden habe. Aber: Auch wenn ich nichts verstanden habe, heißt das nicht, dass ich nicht den Geist des Gottesdienstes erfahren und gespürt habe."[107]

konstitutionelle Element dieser Kirchengemeinschaft. Aus der altkirchlichen Vorstellung autonomer Ortskirchen, die keine übergeordnete Zentralinstitution wie etwa einen Papst benötigen, gibt es neben der IBK, in der die Bischöfe ihre jeweiligen Kirchen vertreten und repräsentieren, keine weiteren verfassungsmäßigen Gremien. Dieses traditionelle Bischofs-Verständnis blendet aus, dass die Kirchen nicht nur aus ihren Bischöfen bestehen, sondern auch aus Theologen und (so genannten) Laien. Faktisch sind daher im Laufe der Geschichte der Utrechter Union verschiedene andere Gremien auf allen Ebenen des kirchlichen Lebens entstanden. Sie haben zwar keinen konstitutionellen Status innerhalb der alt-katholischen Kirchengemeinschaft, gleichwohl sind sie fest etablierte Institutionen der Utrechter Union geworden. So garantieren die regelmäßigen Treffen der Internationalen alt-katholischen Theologenkonferenz (IaThK) den gegenseitigen Austausch und die Abstimmung gemeinsamer wissenschaftlicher Untersuchungen und Einschätzungen. Erstmals fand solch ein internationales Zusammentreffen alt-katholischer Theologen 1950 im niederländischen Amersfoort als sog. „Studientagung" statt.

Besondere Impulse für das Leben der alt-katholischen Kirchen haben von Anfang an die „Altkatholikenkongresse" gegeben, an denen eben insbesondere auch Laien teilnehmen. Die ersten drei Altkatholikenkongresse in Deutschland 1871, `72 und `73 standen noch ganz im Zeichen des Protestes gegen die Dogmen des ersten vatikanischen Konzils von der Unfehlbarkeit und obersten Jurisdiktion des Papstes. Diese Versammlungen haben die entscheidenden Weichen zur Gründung eines eigenständigen katholischen Bistums der Alt-Katholiken in Deutschland gestellt. Nachdem 1889 der Zusammenschluss altkatholischer Kirchen zur Utrechter Union erfolgte, nannten die Kongresse sich fortan „Internationale Alt-Katholikenkongresse". Die Kongresse können zwar keine kirchenrechtlich verbindlichen Beschlüsse fassen; sie sind keine „offiziellen Organe" der Utrechter Union. Die Internationalen Altkatholikenkongresse stellen aber ein wichtiges Forum für den Altkatholizismus dar. Hier begegnen sich Menschen aus sehr unterschiedlichen altkatholischen Gemeinden und Bistümern sowie aus den befreundeten Kirchen, v.a. der anglikanischen Kirchengemeinschaft. So entstehen persönliche Kontakte, Anregungen und Ideen werden ausgetauscht und diskutiert; in diesem Sinne geben die Kongresse seit 130 Jahren wichtige Impulse für eine lebendige Kirche.

Angesichts der schwierigen Situation, in die die Utrechter Union durch den Streit um die Ämter von Diakoninnen, Priesterinnen und Bischöfinnen geraten war, bestand der Eindruck, dass die Laien in vielen Kirchen in dieser Reformfrage weiter waren als ihre Geistlichkeit und ihre Kirchenleitungen. Auf dem Alt-Katholikenkongress 1990 in Genf kam darum die Forderung auf, dass die Laien nicht nur im Rahmen der Kongresse ihre Anliegen unverbindlich vortragen können, sondern dass sie darüber hinaus ein internationales Gremium für den Austausch und die Diskussion „an der Basis" errichten wollten. Daraus entstand damals das „Internationale Altkatholische Laienforum", es hat sich im vergangenen Vierteljahrhundert zu einer wichtigen Begegnungsstätte der Utrechter Union entwickelt. Es kommt zu persönlichen Kontakten, daraus wächst quasi automatisch ein vertieftes gegenseitiges Verständnis, jenseits theologischer oder kirchenrechtlicher Diskussionen wird der Glauben und die religiöse Praxis in den Schwesterkirchen kennengelernt. Die Gefahr einer spirituellen Auseinanderentwicklung kann zumindest gemindert werden.

Neben der IBK und den Laienforen spielt in den letzten Jahen auch der theologische Austausch eine immer wichtigere Rolle – auch dies kann als Konsequenz aus der „Krise der Utrechter Union" verstanden werden, die in der Frage der Frauenordination ja auch dadurch entstanden war, dass oftmals die Überzeugung bestand, es gebe eine allzeit gültige Katholizismus-Definition, sodass keine fortlaufende theologische Identitätssuche betrieben werden müsse. In diesem Zusammenhang scheint gerade der Dialog mit der römisch-katholischen Kirche hilfreich zu sein. Einerseits arbeiten innerhalb der alt-katholischen Dialogkommission renommierte Theologen aus den wichtigen Mitgliedskirchen der Utrechter Union zusammen, andererseits bewirkt die Auseinandersetzung mit dem Katholizismus-Verständnis der Papstkirche implizit einen alt-katholischen Selbstfindungsprozess. Der Dialog mit der römisch-katholischen Seite dient laut Günter Eßer also „alleine schon, um die theologischen Positionen – nicht zuletzt die alt-katholischen! – zu umschreiben."[42]

Aufgrund der Erfahrung, dass in der heiklen Phase der Utrechter Union nach 1990 die internationale Zusammenarbeit der Laien zwar Kontakte und Freundschaften pflegen konnte, dass die Klärung der Frauenordinationsfrage auf IBK-Ebene jedoch viele Jahre quälender Uneinigkeit bedeutete, wurde dann auf dem Alt-Katholikenkongress 2002 in Prag diskutiert, ob außer einer Vernetzung der Kirchen der Utrechter Union auf Bischofsebene noch andere synodale Gremien (der Laien und der Geistlichen) geschaffen werden sollten, wie dies etwa in der Kirche von England realisiert ist. Die anglikanische Generalsynode ist nach dem Beispiel der verschiedenen Parlamentskammern in drei „Häuser" aufgeteilt: das „House of Bishops", das „House of Clergy" und das „House of Laity". Aktuell ist ein wichtiger Schritt zur vollen Integration der Frauen in das apostolische Amt in der Church of England allerdings gerade an der Laien-Synode gescheitert: die Zulassung von Frauen zum Bischofsamt verfehlte 2012 gerade hier knapp die erforderliche Zweidrittelmehrheit.

Exkurs: Die Idee, auch für die Utrechter Union eine internationale Synode aus gewählten Kleriker- und Laienvertretern der Mitgliedskirchen zu schaffen, wurde zunächst abgewiesen unter dem Hinweis, dass dies eine gravierende Ände-

rung des Grundsatzes der Utrechter Union beinhalte. Die Kirchengemeinschaft verstehe sich eben nicht als „Metropolitanverband" etwa unter dem Erzbischof von Utrecht, sondern als Zusammenschluss autonomer Kirchen, die durch die Utrechter Union ihre jeweilige Unabhängigkeit nicht verlieren sollten. Kämen zusätzlich zur IBK weitere entscheidungsbefugte Organe hinzu, verlören die Einzelkirchen zwangsläufig ihre Autonomie. Gremien neben der IBK, die keine verbindliche Legislative besäßen, gebe es ja in Form der Alt-Katholikenkongresse, der Theologenkonferenzen und des Laienforums schon.

Diese Überlegung erscheint mir nur teilweise plausibel. Ein offizielles Organ, das keine konkreten „gesetzgeberischen" Befugnisse besitzt, kann trotzdem als festes Gremium sinnvoll sein, ähnlich dem Europaparlament vergangener Jahrzehnte, das seinerseits keine Kompetenzen hinsichtlich der Gesetzgebung der einzelnen Mitgliedsstaaten hatte. Die Institution an sich konnte mithelfen, das Bewusstsein der Bevölkerung dafür zu stärken, dass das gemeinsame Europa nicht nur eine Angelegenheit der Regierungen und Kommissionen ist, sondern auch die Bürgerinnen und Bürger Europas direkt angeht. Durch eine demokratische Wahl erhielten die Abgeordneten des Europaparlamentes eine besondere Legitimation, die eine freiwillige Zusammenkunft von Europabefürwortern nicht besessen hätte. Ähnlich wäre auch eine beratende "internationale Synode" der Utrechter Union denkbar, die Vorschläge und Anregungen an die IBK richten kann. Hierdurch würden Diskussionen innerhalb der Utrechter Union auf breiteren Boden gestellt als im Rahmen der IBK. Durch die Wahl von Synodalen wäre auch ein repräsentatives Mitwirken der Laien in diesem internationalen Forum gewährleistet – anders als bei den Alt-Katholikenkongressen oder Laienforen, wo prinzipiell jeder teilnehmen kann, was naturgemäß nicht garantiert, dass die Mehrheitsmeinung abgebildet wird .

Die Struktur der Utrechter Union würde dadurch nicht inhaltlich verändert; die Autonomie der Mitgliedskirchen würde ohnehin nicht beschnitten, da eine „internationale Synode" hiernach bloß beratende Funktion besäße. (Auch die IBK selbst hat ja nicht die Möglichkeit, die Unabhängigkeit ihrer Mitgliedskirchen zu verletzen. Selbst wenn ein IBK-Beschluss einmütig und einstimmig fällt, kann er gegen das Votum der nationalen Synode einer Mitgliedskirche nicht durchgesetzt werden.) Eine „internationale Synode" könnte das Bewusstsein für die Belange der Kirchengemeinschaft stärken, Entscheidungen in der einzelnen Kirchengemeinde, etwa bei der Wahl der internationalen Synodalen, könnte die Auseinandersetzung mit internationalen Fragestellungen an die Basis transportieren.

Entscheindend scheint mir heute, dass Gernys Wunsch von 1989 zunehmend umgesetzt wird, nämlich dass die Gemeinschaft der Utrechter Union mit Leben gefüllt wird. In diesem Sinne vollzieht sich „internationale Synodalität" faktisch schon heute als Weggegemeinschaft von Menschen und Kirchen, die jene skizzierten alt-katholischen Grundvorstellungen teilen: eine „allgemeine Kirche vor Ort", die keine Unfehlbarkeitsansprüche stellt, die ökumenisch ausgerichtet ist und die das Evangelium in einer zeitgemäßen Liturgie zu verkünden versucht.

Literaturverzeichnis

Bei der ersten Nennung einer Quelle werden die bibliografischen Daten vollständig angegeben. Der Name des Verfassers (und bei mehreren zitierten Veröffentlichungen desselben Autors auch eine Kurzbezeichnung der betreffenden Publikation) ist dabei **gefettet**. Bei weiteren Verweisen auf dieselbe Quelle wird dann nur noch diese Kurzbezeichnung angegeben.

Bei Veröffentlichungen in Zeitungen, Sammelbänden bzw. im Internet werden diese *kursiv* gekennzeichnet. Entsprechende Verlagsangaben werden wiederum nur bei der Erstnennung aufgeführt.

Alle Bibelzitate stammen aus der Einheitsübersetzung, Katholische Bibelanstalt GmbH, Herder Verlag, Freiburg, Basel, Wien, 1980

[1] Urs **Küry**, **Kirchengeschichte** für den christkatholischen Unterricht, christkatholischer Schriftenverlag, Allschwil/Schweiz, 1968, S. 63/64

[2] Matthias **Ring,** Vor der **Trennung**, Ansichtssache in *Christen heute*, Januar 2004

[3] Hans **Gerny,** Als Gäste beim indischen Jubiläum, *Christkatholisches Kirchenblatt*, 23/2011, S. 8f.

[4] Angela **Berlis**, **Frauen** im Prozess der Kirchwerdung, eine historisch-theologische Studie zur Anfangsphase des deutschen Altkatholizismus (1850-1890), Peter Lang Europäischer Verlag der Wissenschaften, Frankfurt a.M., Berlin, Bern, New York, Paris, Wien, 1998

[5] Joachim **Vobbe**, Predigt des Bischofs, in: Jürgen Wenge, *Bewegung in Kirche – Kirche in Bewegung*, 125 Jahre Katholisches Bistum der Alt-Katholiken in Deutschland, Bistumsverlag, Bonn, 1999, S. 59

[6] Victor **Conzemius**, Katholizismus ohne Rom, Benziger Verlag, Zürich, Einsiedeln, Köln, 1969, S. 13

[7] Johann Friedrich **Schulte**, Der Altkatholizismus: Geschichte seiner Entwicklung, inneren Gestaltung und rechtlichen Stellung in Deutschland, 1887, E. Roth Verlag, Gießen, 1890, Nachdruck Scientia, Aalen 1965, S. 16

[8] Carl **Andresen**, Adolf Martin **Ritter**, Geschichte des Christentums, Bd 6,1, Verlag W. Kohlhammer, Stuttgart, Berlin, Köln, 1993

[9] **Küry**, Die **Altkatholische Kirche**, Bd III der Reihe „Die Kirchen der Welt", Evangelisches Verlagswerk Frankfurt am Main, 3. Auflage, 1982, S. 36

[10] Norbert **Brox**, Kirchengeschichte des Altertums, Patmos Verlag, Düsseldorf,

1998, S. 140

[11] Wilhelm **Geerlings**, Augustinus, Herder Verl., Freiburg i.Bsg., 1999, S. 81

[12] Ernst **Käsemann**, zitiert nach: Ottmar Fuchs, Erinnerung und Weisung, in: Herbert Haslinger (Hrsg), *Praktische Theologie Bd 2*, Grünewald Verlag, Mainz, 2000, S. 429

[13] Günter **Eßer, Der Jansenismus.** Eine geistliche Bewegung in der Spannung zwischen Religion und Politik, abgedruckt in: *De Domo Nordstrandica*, Festschrift zum 350jährigen Bestehen der alt-katholischen Pfarrgemeinde Nordstrand (1654-2004), Uthlande-Verlag, Nordstrand, 2004, S. 77

[14] Georg **Reynders**, Katholiken oder Ketzer? Die Entstehung einer katholischen Gemeinde auf Nordstrand nach 1634, Alt-Katholische Pfarrgemeinde Nordstrand St. Theresia, Nordstrand, 1997, S. 25

[15] Küry, Die Altkatholische Kirche, S. 443-445
[16] ebenda, S. 67

[17] Johannes J. **Urbisch**, Die Geschichte des Alt-Katholizismus in Schlesien bis 1945, Alt-Katholische Kirchengemeinde in Berlin, Berlin, 2006
[18] ebenda S. 72-77
[19] ebenda S. 150-152
[20] ebenda S. 79
[21] ebenda S. 177

[22] zitiert nach Berlis, Frauen, S. 131

[23] vgl. Vobbe, **Umgekehrt,** Alt-katholische Gedanken zum Bußsakrament, Bistumsverlag, Bonn, 2001, S. 6ff.

[24] Küry, Altkatholische Kirche, S. 79

[25] Vobbe, Es gab und gibt auch die **Schuld der Institution**, in: *Projekt Wachstum*, Bistumsverlag, Bonn, 2001, S. 85

[26] Ring, **Katholisch und deutsch,** Die alt-katholische Kirche Deutschlands und der Nationalsozialismus, Alt-Katholischer Bistumsverlag, Bonn 2008, S. 822

[27] Vobbe, **Katholisch** – ein altes Wort neu gesehen, Alt-Katholischer Bistumsverlag, Bonn 1999, S. 10

[28] http://*www.alt-katholisch.de/meldungen* vom 04.04.2013

[29] Urs von **Arx, Berns kleinste Fakultät** feiert, Zum 125-jährigen Bestehen der Christkatholisch-theologischen Fakultät der Universität Bern, in: *UniPress*, Forschung und Wissenschaft an der Universität Bern, Nr. 103, Dezember 1999

[30] Küry, Die Altkatholische Kirche, S. 87

[31] Arx, Christkatholische Theologie und Liturgie, **Herwig Aldenhoven** zum Gedenken, in: *Neue Zürcher Zeitung* vom 02.11.2002

[32] Herwig **Aldenhoven**, Gottesdienstliche Erneuerung in der christkatholischen Kirche, in: *Liturgie in Bewegung*, Universitätsverlag, Freiburg Schweiz, 2000, S. 295

[33] ebenda S. 296

[34] ebenda S. 299

[35] Urs von **Arx** (Hrsg.) in: **Kurt Stalder**, Sprache und Erkenntnis der Wirklichkeit Gottes, *Ökumenische Beihefte 38*, Universitätsverlag Freiburg Schweiz, 2000, S. 440

[36] ebenda, S. 438

[37] Kommentar zur Verfassung der Christkatholischen Kirche der Schweiz, veröffentlicht unter: http://*www.christkatholisch.ch/bibliothek*

[38] Dirk J. **Schoon, Van bisschoppelijke cleresie** tot Oud-Katholieke Kerk, Valkhof Pers, Nijmegen, 2004

[39] Antonius Jan **Glazemaker**, Grußwort des Erzbischofs von Utrecht für die Utrechter Union, in: *Bewegung in Kirche*, S. 68

[40] Joachim **Pfützner, Bischof mit Humor** und Diplomatie, in: *Christen heute* März 2010

[41] Matthias **Ring**, Babylon in **Amersfoort** , in: *Christen heute,* August 2011

[42] Günter **Eßer, Kirche und Kirchengemeinschaft**, eine Einführung in den Bericht der Internationalen Römisch-Katholisch – Altkatholischen Dialogkommission vom Mai 2009, Thesenpapier für die Alt-Katholische Gemeinde Düsseldorf, 4. Juli 2011

[43] **Internationale Römisch-Katholisch – Altkatholische Dialogkommission**, Kirche und Kirchengemeinschaft, Bonifatius Verlag Paderborn, Lembeck Verlag Frankfurt a.M., 2. Aufl., 2010, S. 32

[44] **Pfützner, Erhitzte Gemüter** und Ernüchterung – zum römisch-katholisch/alt-katholischen Dialogpapier, in: *Christen heute* November 2010

[45] Karl **Anderle**, Altkatholische Rechtstheologie und Verfassungsgeschichte, in: *Österreichisches Archiv für Kirchenrecht*, 31. Jahrg., Heft 4, 1980, S.449 und 455f.

[46] Ring, Katholisch und deutsch, S. 656

[47] **Bischöfl. Seminar der Altkatholischen Kirche Österreichs**, Anders als die anderen, Wien, 3/1999

[48] Bernhard **Heitz, Brief an die Altkatholische Kirche Österreichs** anlässlich des 10.Weihetages zum Bischof am 18.12.2004, Broschüre, 46 Seiten; ders., **Vom Geschenk des christlichen Glaubens**, von der Einzigartigkeit der Religion Jesu Christi, 2006, Broschüre 2006, 42 Seiten; beide erschienen im Evangelischen Presseverband, Wien

[49] Christian **Halama** (alias Blankenstein), Altkatholiken in Österreich, Böhlau Verlag Wien, Köln, Weimar, 2004, S. 838

[50] zitiert nach Küry, Die Altkatholische Kirche, S. 97

[51] Sigisbert **Kraft, Die Eucharistiefeier** im Katholischen Bistum der Alt-Katholiken in Deutschland, *Hefte für Gemeindearbeit und Theologie Nr. 8*, Bistumsverlag, Bonn, 1995, S. 12 und S. 22

[52] Vobbe**, Staatsangehörigkeit Geist-Reich**, Betrachtung über die Firmung, Bistumsverlag, Bonn, 1998, S. 4

[53] Sigisbert Kraft, Erentrud **Kraft, Grundkurs Liturgie**, Bistumsverlag Bonn, 1998, S. 42

[54] angenommene Thesen der I. Unionskonferenz zu Bonn, in: Küry, Alt-katholische Kirche, S. 462

[55] Brox, S. 180

[56] Berlis**, Bischof Dr. Casimir Grotnik**, Ein Porträt, *Christen heute* Juli 2000, S.15

[57] Urbisch, S. 73 und S. 177

[58] Edmund **Plazinski**, Mit Krummstab und Mitra – Die umherschweifenden Bischöfe und ihre Gemeinschaften, Verlag P. Meier, St. Augustin, 1970, S. 56

[59] Communiqué der **IBK** vom 17. Juni 2010; veröffentlicht unter: http://*www.utrechter-union.org/seite/185*

[60] Alfons **Fischer,** Bischofsweihe der Mariaviten, in: *Christen heute,* August 2010

[61] zitiert nach Küry, Die Altkatholische Kirche, S. 452

[62] Georg **Spindler, Neuer Aufbruch** – Diakonen- und Priesterweihe in Kroatien, in: *Christen heute,* Dezember 2010

[63] Stanko **Markovic**, Die Altkatholische Kirche in **Jugoslawien**. Eine

geschichtliche Darstellung aufgrund der altkatholischen Literatur in serbokroatischer und deutscher Sprache (Abschlussarbeit für das Nachdiplom-Vertiefungsstudium an der Christkatholisch-theologischen Universität Bern, 2001, 97 Seiten; Starokatolicka Crkva u Jugoslaviji, Beograd 1960, 92 Seiten)

[64] Ivo **Hrsak**, Kroatische Altkatholische Kirche, abgedruckt in: *Jahrbuch der Christkatholischen Kirche der Schweiz 2002*, christkatholischer Schriftenverlag, Basel, 2002, S. 98-99

[65] Spindler, **Abschied** und neuer Anfang, Alt-Katholiken in Kroatien und Bosnien-Herzegowina, in: *Christen heute,* Januar 2011

[66] zitiert nach Wilfried **Büchse**, Internetseite der Katholischen Gemeinde der Alt-Katholiken Halle, Zur Geschichte des alt-katholischen Bistums Warnsdorf im Sudetenland, http://*www.akhalle.de/Historisches.htm*

[67] Küry, Die Altkatholische Kirche, S.93

[68] Milos **Pulec**, Die altkatholische Kirche in der Tschechoslowakei, in: *Jahrbuch der Christkatholischen Kirche der Schweiz 1989*, S. 83

[69] Radio Prag, Aufzeichnung „Schauplatz" vom 30.06.1997, http://*www.archiv.radio.cz/deutsch/schauplatz/30-6-97*

[70] Dušan **Hejbal**, Tschechische Republik, in: *Jahrbuch der Christkatholischen Kirche der Schweiz 2002*, S.95

[71] Joachim Vobbe, Nachruf auf **Josef König**, in: *Christen heute*, September 2011

[72] Lothar **Adam,** Eine Gnade Gottes, in: *Christen heute*, September 2011

[73] Communiqué der IBK vom 14. Februar 2004, veröffentlicht unter: http://*www.utrechterunion.org/german/news/Pressemitteilung_Slowakei.pdf*

[74] Ewa **Dąbrowa**, Was bedeutet polnisch-katholisch zu sein im 21. Jahrhundert? – Die zeitgenössische polnisch-katholische Identität, Impulsreferat für den 28. Internationalen Altkatholikenkongress 2002 in Prag, *Kongressausdruck,* S. 4
[75] ebenda, S. 3

[76] Arx, **Protest** gegen Einmischung, in: *Christen heute,* November 2009

[77] Urbisch, S. 178
[78] ebenda S. 5
[79] ebenda S. 181

[80] Joachim Vobbe, Nachruf auf **Franz Kramer**, in: *Christen heute*, Januar 2006

[81] Schoon**, Synode der Polnisch-katholischen Kirche** in Konstancin,

veröffentlicht unter: http://*www.utrechter-union.org/seite/367*

[82] Conzemius, S. 93

[83] Vobbe, **Buon Giorno, Vescovo**, Alt-Katholiken in Italien, *Christen heute* März 1999, S. 51

[84] zitiert nach Spindler, Neuer Aufbruch

[85] Erentrud Kraft, **Keine Heldin**, in: *Christen heute*, Juni 2004

[86] Ring, **Priesterinnen**, Eine merkwürdige Diskussion dauert an, in: *Christen heute,* April 2002

[87] Pressemitteilung der **IBK** vom 21. Juni 2011, veröffentlicht unter: http://*www.utrechter-union.org/seite/237*

[88] Veit **Schäfer, Geschwisterkirchen** – Kirchengeschwister, in: *Christen heute,* August 2012

[89] Fernando **Soares**, Grußwort des Bischofs der Lusitanischen Kirche von Portugal, abgedruckt in: *Bewegung in Kirche*, S. 70

[90] vgl. Ring, **Schritt für Schritt**, *Christen heute,* September 1999; Pedro **Speranza**, Wachstum in Liebe (Übersetzung aus dem Portugiesischen), *Christen heute,* Mai 2005

[91] Gerny, **Synodalität** und Lebendigkeit, in: *Christen heute,* Dezember 2012

[92] Christoph **Schuler**, Zeugnis und Dienst – Mission in Schweden?, abgedruckt in: *Kirchliches Jahrbuch für die Alt-Katholiken in Deutschland 1987*, Bistumsverlag, Bonn, 1987, S. 62

[93] Ring, **Nicht nur Übereinstimmung**, sondern auch Gemeinschaft, *Christen heute* Oktober 1999

[94] Eßer, **Kontakte nach Schweden**, in: *Christen heute,* Mai 2005

[95] **Schoon,** Die Kommission für den Dialog zwischen den Altkatholischen Kirchen und der Kirche von Schweden schliesst ihre Arbeit ab, veröffentlicht unter: http://*www.utrechter-union.org/seite/356*

[96] zitiert nach Küry, Die Altkatholische Kirche, S. 460

[97] vgl. Elisabeth **Moltmann-Wendel**, Junia ... hervorragend unter den Aposteln (Röm 16,7), in: Frauenbefreiung. Biblische und theologische Argumente, Chr. Kaiser Verlag, München und Mainz, 1986, S. 148ff.

[98] Vobbe, **Geh zu meinen Brüdern,** Vom priesterlichen Auftrag der Frauen in der Kirche, Brief des Bischofs an die Gemeinden des Katholischen Bistums

der Alt-Katholiken, Bistumsverlag, Bonn, 1996, S. 10-11

[99] **baf** (Bund alt-katholischer Frauen), 27. Mai 1996, Der **Weg zu diesem Tag** – eine kurze Erinnerung, abgedruckt in: Joachim Pfützer (Hrsg), *Priesterinnen sollen sie sein...*, Die ersten Priesterinnen der alt-katholischen Kirche in Deutschland, S. 6

[100] Joachim Pfützer, Im Alleingang oder gemeinsam mit den anderen? Die Gratwanderung der deutschen alt-katholischen Kirche in der Frage der Frauenordination und die Internationale Alt-Katholische Bischofskonferenz der Utrechter Union, abgedruckt in: *Priesterinnen sollen sie sein...*, S.12 und 13

[101] Katholisches Bistum der Alt-Katholiken in Deutschland, Hefte für Gemeindearbeit und Theologie (HfGT), Heft 6, Der priesterliche Dienst von Frauen in der Kirche, Eine Auswahl aus dem 2. Bericht des Hauses der Bischöfe der Kirche von England zur Frauenordination in deutscher Übersetzung, Bonn, 1994

[102] Berlis, Von Martha und Maria zu Peter und Paul, in: Spezialausgabe „Frauenordination in der römisch-katholischen Kirche", Initiative Kirche von unten (IKvu), html://*www.ikvu.de*

[103] Bischöfliche Arbeitsgruppe „Frauen in der Alt-Katholischen Kirche" (Hrsg), Frauen als Botschafterinnen um Gottes Willen, Bistumsverlag, Bonn, 1995

[104] Communiqué der IBK, Utrecht und Bern, 27. April 1999, in: *Christen heute* Juni 1999

[105] Gerny, Die **Utrechter Union** nach hundert Jahren – wie weiter?, *Jahrbuch der Christkatholischen Kirche der Schweiz 1989,* S. 18

[106] Gerny, **Altkatholischsein** im 21. Jahrhundert, "... in ein Land, das ich euch zeigen werde", Impulsreferat, Prag, 2002, Kongressausdruck S. 13

[107] Soares, Grußwort zum 125ten deutschen Bistumsjubiläum, in: *Kirche in Bewegung,* S. 70

Sach- und Ortsregister

Personen- und Autorenregister

men ab (Exkommunikation);
1872-1886 christkath. Pfr. in Ols-
berg 39
Eugen von Savoyen, Prinz; *1663-*
1736; österr. Feldherr 54
Eßer, Günter, *Prof. Dr. theol.;*
*1949; dt. alt-kath. Theologe, seit
1998 Rektor d. alt-kath. Seminars
in Bonn 24-25, 28, 50, 103, 113

Fehervary, Thomas; *1917-1984;*
ungar. Vagantenbischof (angebl.
„altkath. Kirche in Ungarn"),
Sukzession wird v. Mariaviten ab-
geleitet 70
Ferreira Fiandor, D. António;
1884-1970; Geistlicher d. lusit.
Kirche, seit 1958 Bischof 99
Franco, Francisco; *1892-1975;*
span. Diktator 98
Frank, Anne (Annelies Marie);
1929-1945 (im KZ Bergen-Belsen
gestorben); Autorin des
berühmten Tagebuches 92
Franz Joseph I.; *1830-1916; seit*
1848 Kaiser v. Österreich 53
Frei, Hans A., *Dr. theol.; 1922-*
2012; christkath. Geistlicher, em.
Pfr. v. Solothurn 7, 140

Garelli, Pius Nikolaus; *1675-*
1739; Leibarzt Maria Theresias
54
Geerlings, Wilhem, *Prof. Dr.*
theol.; 1941-2008, röm.-kath.
Theologe; Prof. f. Kirchenge-
schichte in Bochum 23
Gerny, Hans, *Dr. h.c.; *1937;*
christkath. Geistlicher; seit 1986
christkath. Bischof (2001 em.)
14, 43, 45, 100, 109-111, 114

Gies, Miep (eigentlich Santrouschitz, Hermine); *1909-2010, Hel-*
ferin beim Verstecken v. Anne
Frank 92
Glazemaker, Antonius Jan;
*1931; ndl. altkath. Geistlicher,
seit 1979 Bischof, zunächst v. De-
venter, seit 1982 Erzbischof v. Ut-
recht (2000 em.) 27, 45-46, 50
Göring, Hermann Wilhelm; *1893-*
1946; führender dt. Natio-
nalsozialist 92
Golob, André, *Dr. theol.; *1962;*
altkath. Geistlicher, Pfr. in Wien
58
Gouard, Xavier Emile Joseph;
1877-1940 ; ndl. altkath. Geistli-
cher, betreute Pariser Gemeinde
92-93
Grab, Michel; **1939; frz. alt-kath.*
Geistlicher; em. Pfr. in Straßburg
94
Grotnik, Casimir, *Dr. theol.;*
1935-2005, Geistlicher d. PNCC,
seit 1999 Bischof d. Zentraldiöze-
se 66
Gschwind, Paulin; *1833-1914;*
1821-1886; kath. Theologe, lehnte
d. 1870er Dogmen ab (Exkom-
munikation); 1889-1905 christ-
kath. Pfr. in Kaiseraugst; 1887-
1905 bischöfl. Vikar 40-42
Gul, Gerardus (Gerrit); *1847-*
1920; ndl. altkath. Geistlicher,
seit 1892 Utrechter Erzbischof
60, 62, 68

Halama, Christian
siehe: Blankenstein, Christian

Peplowski, Thaddeus; **1936, Geistlicher d. PNCC, Bischof seit 1990 (2012 em.)*   81

Pereira, Luis César Rodrigues; *1908-1984; Geistlicher d. lusit. Kirche, seit 1962 Bischof*   99

Pfützer, Joachim; **1953; dt. alt-kath. Geistlicher, Pfr.in Stuttgart* 29, 51

Pickel-Bossau, Regina; **1948; dt. alt-kath. Priesterin (im Nebenamt)* 13, 106, 108

Pius VI.; *1717-1799, Papst seit 1775*   53

Pius IX.; *1792-1878; Papst seit 1846*   35, 51, 71

Pius X.; *1835-1914; Papst seit 1903*   68

Pius XI.; *1857-1939; Papst seit 1922*   72

Plazinski, Edmund; **1929; Buchautor u. Journalist*   70, 80

Plunket, William Conyngham; *1828-1897; irisch. angl. Geistlicher; Bischof v. Maeth, seit 1884 Erzbischof v. Dublin*   98

Próchniewski, Roman Maria Jakob; *1872-1954 ; mariav. Geistlicher, seit 1945 Bischof (1953 em.)* 70

Podolák, Augustin; *1912-1991; tschechoslow. alt-kath. Bischof* 76-77

Pulec, Miloš Josef, *Dr. phil.; 1923-1991; tschechoslow. Bistumsverweser*   76-77

Quesnel, Pasquier; *1634-1719; frz. jansenist. Theologe; Oratorianer* 24

Ramento, Alberto; *1936-2006 (ermordet); Geistlicher d. Iglesia Filipina Independiente (IFI); seit 1993 oberster Bischof (Obispo maximo) d. IFI (1999 em.)*   2

Ranke-Heinemann, Uta, *Prof. Dr. theol.; *1927; dt. röm.-kath. Theologin; em. Prof. f. Religionsgeschichte in Essen* 28

Raposo, António José da Costa; **1948; portug. Vagantenbischof* 80

Ratzinger, Josef
siehe: Benedikt XVI.

Rauscher, Joseph Othmar Ritter von, *Prof. theol.; 1797-1875; österr. kath. Theologe, 1849 Bischofsweihe, seit 1853 Erzbischof v. Wien; seit 1855 Kardinal; Führer d. „Inopportunisten", die die päpstl. Unfehlbarkeit ablehnten* 52

Rein, Harald, *Dr. theol.; *1957; christkath. Geistlicher, Bischof seit 2009*   16, 45, 89, 96-97

Reinkens, Josef Hubert, *Prof. Dr. theol.; 1821-1896; kath. Theologe, Prof. f. Kirchengeschichte in Breslau, seit 1873 erster alt-kath. Bischof in Dtl.*   18, 28, 32, 35, 42-43, 46

Reusch, Franz Heinrich, *Prof. Dr. theol.; 1825-1900; dt. kath. Theologe; Prof. f. alttest. Exegese in Bonn, erster alt-kath. Generalvikar 1873-1878 (Amtsniederlegung)*   28, 34

Reynders, Georg; **1951; dt. alt-kath. Geistlicher, Pfr. auf Nordstrand*   25

Danksagung

Für die Anregung zur Überarbeitung, Aktualisierung und Korrektur dieses Buches möchte ich mich sehr herzlich bei Bischof Dr. Matthias Ring bedanken. Er hatte ursprünglich 2004 als Dozent für das Fach Kirchengeschichte im Theologischen Fernkurs des deutschen Bistums die Auseinandersetzung mit der „Utrechter Union und der Geschichte ihrer Kirchen" angestoßen und die Arbeit schon damals mit großem Fachwissen und Engagement unterstützt. In einem persönlichen Gespräch im Sommer 2011 hat er eine Überarbeitung anlässlich des 125ten Jubiläums der Gründung der Utrechter Union 2014 vorgeschlagen.

Dieses Buch stammt aus der Feder eines Nicht-Theologen. In der Besprechung der ersten Auflage 2006 in der christkatholischen Kirchenzeitung bemerkt der Rezensent, Pfarrer em. Dr. Hans A. Frei, diesbezüglich: „Leider haben sich dabei einige Fehler und Gewichtungen eingeschlichen, die wohl in einer weiteren Auflage korrigiert werden können. ... Und was besonders erstaunt: der Autor ist nicht Theologe, sondern praktizierender Arzt und Psychotherapeut." Dieser Empfehlung Freis bin ich für diese vollständig überarbeitete, korrigierte und aktualisierte Fassung gefolgt.

Mein ganz herzlicher Dank gilt

- Herrn Prof. Dr. Urs von Arx, der die Kapitel über die Kirchen in der Schweiz, in der Tschechoslowakei bzw. in Tschechien, in Italien sowie über die Mariaviten kritisch durchgesehen hat und wichtige Ergänzungen und Berichtigungen vorgeschlagen hat,
- Herrn Bischof em. Bernhard Heitz für die engagierte und konstruktive Überarbeitung der Kapitel über die Kirchen in Österreich und in Kroatien.
- Herrn Bischof Mgr. Dr. Dirk Jan Schoon für die sachkundige und hilfreiche Revision der Kapitel über die niederländische Kirche sowie über die „Kirchen unter der Jurisdiktion von Bischöfen der Utrechter Union", hierbei insbesondere der Gemeinden in Frankreich und Skandinavien;
- Herrn Bischof Dr. Matthias Ring, der die ergänzten und korrigierten Ausführungen über die Kirche in Deutschland sowie über „Die Gründung und Geschichte der Utrechter Union" noch einmal differenziert und produktiv durchgesehen und entsprechende Verbesserungen angeregt hat.
- Herrn Diakon Georg Spindler, der mit großer Sachkenntnis die Angaben zur altkatholischen Kirche in Kroatien bereichert hat.

Daneben habe ich zahlreiche Informationen und biografische Daten von Einzelpersonen erhalten, sodass das Personen- und Autorenregister möglichst korrekte Lebensdaten angeben kann.

Ich habe mich über die bereitwillige und konstruktive Unterstützung sehr gefreut und sehe darin ein hoffnungsvolles Symbol für die internationale Zusammenarbeit der altkatholischen Kirchen.